Georgien. Tbilisi. Rustaweli-Boulevard

Georgien. Tbilisi. Rustaweli-Boulevard

von
Guram Odischaria

übersetzt von Luka Kamarauli

herausgegeben von Manana Tandaschwili

Reichert Verlag 2018

The book is published with the support of the Georgian National Book Center

Dieses Buch wird mit der Unterstützung des Georgian National Book Center veröffentlicht

**GEORGIAN
NATIONAL
BOOK
CENTER**

and with the support of the Abkhazian Arts and Culture Center.

und mit Unterstützung des Zentrums für Kultur und Kunst Abchasiens.

Bibliografische Information der Deutschen Nationalbibliothek
Die Deutsche Bibliothek verzeichnet diese Publikation in der Deutschen Nationalbibliografie;
detaillierte bibliografische Daten sind im Internet über http://dnb.dnb.de abrufbar.

Gedruckt auf säurefreiem Papier
(alterungsbeständig – pH 7, neutral)

© 2018 Dr. Ludwig Reichert Verlag Wiesbaden
www.reichert-verlag.de
Redaktion: Jost Gippert, Goethe-Universität Frankfurt
ISBN: 978-3-95490-324-5

Inhalt

Vorwort der Herausgeberin

Nach der Veröffentlichung der Anthologie „Georgische Gegenwartsliteratur", in der der georgische Schriftsteller Beso Chwedelidze mit seiner Kurzgeschichte „Der Geschmack der Asche" den Krieg in Abchasien behandelt, war ich lange Zeit auf der Suche nach weiteren literarischen Bearbeitungen dieses Themas. Ich wollte damals mehr über diesen Krieg wissen, tiefer in das Geschehene eindringen und mehr über die Ereignisse erfahren, von denen mein eigener Mann mir nichts erzählen wollte, als er selbst aus dem Abchasienkrieg zurückkehrte – physisch noch lebendig, aber mental tot. Bald darauf ist er tatsächlich gestorben, und ich blieb allein mit vielen Fragen, die mich jahrelang gequält haben. Wir wissen bis heute nicht, was in Wirklichkeit in Abchasien passiert ist; die diesbezüglichen Dokumente sind immer noch verschlossen und unzugänglich. Der Krieg in Abchasien ist in einer Parallelwelt Georgiens abgelaufen, die für meine Generation immer noch ein Mythos bleibt. Mein besonderes Interesse an dem Krieg in Abchasien war, vermutlich ganz unbewusst, auch der Protest gegen alle, die dieses Thema zum Tabu machten.

Ja, der „Krieg in Abchasien" – so nennt man diesen Konflikt in Georgien, um den Begriff „Georgisch-abchasischer Krieg" zu vermeiden. In Georgien nennt man diesen Konflikt auch nicht „Georgisch-russischer Krieg", obwohl viele immer wieder behaupten, dass dieser Krieg ein Schachzug der russischen Politik war, um sich für die Unabhängigkeit Georgiens zu rächen. Man möchte die Kriegsbeteiligten nicht erwähnen, deshalb definiert man den Konflikt nur geographisch – also als „Krieg in Abchasien". Auch heute noch, fast 25 Jahre danach, fragen wir uns: Was war das eigentlich? War es ein Krieg zwischen Georgiern und Abchasen? Waren es die einander widersprechenden geopolitischen Interessen Georgiens und Russlands? War es ein politisches Spiel der hochrangigen Politiker auf beiden Seiten, die die Situation eskalieren ließen, um davon zu profitieren? Oder war es die Orientierungslosigkeit der Menschen, die man ausgenutzt hat, als sie nach dem Zusammenbruch der Sowjetunion in Panik gerieten? Vielleicht war es auch alles zusammen? Doch wer ist verantwortlich für das Elend, das der Krieg in Abchasien uns allen gebracht hat? Welchen Anteil an der Verantwortung tragen wir, jeder von uns, dabei?

Mit diesen Gedanken wartete ich an einem regnerischen Tag in September 2011 in einem der modern eingerichteten Cafès, die in der letzten Zeit in Tbilisi wie Pilze aus dem Boden sprießen, auf ihn, den georgischen Schriftsteller Guram Odischaria. Man sagte mir, dass ich, wenn ich einen ernsthaften Gesprächspartner über das Abchasien-Thema finden wolle, mich mit Guram Odischaria unterhalten solle. Und das tat ich auch.

Wir verabredeten uns in der Innenstadt. Ich wollte ihn persönlich kennenlernen. Er kam pünktlich zur verabredeten Zeit, groß, kräftig gebaut, mit einem freundlichen Lächeln im Gesicht, ganz anders, als ich ihn mir vorgestellt hatte – ein echter Friedensbotschafter. Ich wusste, dass er, wie Tausende anderer Flüchtlinge aus Abchasien, zu Fuß über den sog. „Pass der Flüchtlinge" nach Swanetien entkommen war, und erwartete eigentlich einen hoch emotionalen, durch das Kriegselend verbitterten Mann, der die georgische Politik in Bezug auf Abchasien scharf kritisieren und die russische Militärmacht verfluchen würde. Aber ganz im Gegenteil. Zu meiner Überraschung hatte ich einen freundlichen, ausgeglichenen, rational denkenden, zutiefst verletzten und trotzdem lebensfreudigen Intellektuellen vor mir sitzen. Wir haben uns etwa vier Stunden lang unterhalten, und ich war fasziniert von seiner Denkweise: Selten habe ich in Georgien jemanden getroffen, der sich so selbstkritisch über sich selbst und über die georgische Gesellschaft geäußert hätte.

In den letzten 20 Jahren, die ich fern meiner Heimat in Deutschland verbracht habe, habe ich einen gewissen Abstand zu den Prozessen gewonnen, die sich immer wieder in Georgien abspielen: Ständige Regierungswechsel und, damit verbunden, allgemeine Orientierungslosigkeit – wollen wir in einem „Kaukasischen Haus" leben oder sehen wir uns eher in einem westlichen Kontext, wobei immer noch die Frage bleibt, ob es ein proeuropäischer oder ein proamerikanischer Kontext sein soll? Für mich war es eine wirkliche Entdeckung, dass eine zeitgenössische Persönlichkeit wie Guram Odischaria das moderne Leben Georgiens so analytisch betrachten konnte.

Bald darauf wurde Guram Odischaria Kultusminister von Georgien, und ich hatte nur noch wenig Gelegenheit, ihn zu kontaktieren. Während seiner Amtszeit sind wir uns nur zweimal begegnet: am 27. Februar 2014 in der Botschaft Georgiens in Berlin, als die Vereinbarung, Georgien als Gastland auf der Frankfurter Buchmesse aufzunehmen, zwischen der georgischen Regierung und der Messedirektion unterzeichnet wurde, und dann noch einmal 2014 auf der Leipziger Buchmesse. In dieser Zeit habe ich sein Buch „Der Pass der Flüchtlinge" in das Übersetzungsprogramm des Literatursalons EUTERPE aufgenommen und es 2015 zusammen mit Prof. Jost Gippert beim Reichert-Verlag herausgegeben.

Unsere nächste Begegnung fand im Winter 2014 statt, und auch diese Begegnung war mit dem Thema „Krieg in Abchasien" verbunden. Während eines Aufenthalts in Tbilisi habe ich eine Aufführung seines Theaterstückes „Das Meer, das weit weg ist" besucht, und ich war wieder fasziniert von seinem Wunsch, den georgisch-abchasischen Konflikt friedlich zu lösen und weise Worte zu finden, die niemandes Würde verletzen würden, auch nicht die der Abchasen. Nach der Vorstellung fragte ich ihn, ob er bereit sei, zu dem Thema „Krieg in Abchasien" auch ein umfangreicheres Werk in Angriff zu nehmen, und er griff diesen Vorschlag gern auf. So ist die Idee zu dem vorliegenden Buch entstanden.

Guram Odischarias Buch „Georgien. Tbilisi. Rustaweli-Boulevard" beinhaltet einige Essays, die zu verschiedenen Zeiten entstanden sind, sowie auch Notizen aus seinen Tagebüchern. Der augenfälligste Text im Buch ist sicherlich die Abhandlung „Georgien. Tbilisi. Rustaweli-Boulevard", die die – zu sowjetischen Zeiten unter dem Namen „Rustaweli-Prospekt" bekannte – Prachtstraße in Tbilisi als Zeitzeugen und zugleich als Symbol für alle die einschneidenden Veränderungen präsentiert, die Georgien seit 1989 geprägt haben. Der Titel dieser Abhandlung steht stellvertretend für das gesamte Buch, in dem wir Guram Odischaria als Bürger, als Intellektuellen, als Friedensbotschafter und als Mittler zwischen den Konfliktparteien kennenlernen, der auf beiden Seiten Freunde hat.

Das Buch ist ein weiterer Schritt Odischarias auf dem Weg zur Versöhnung, ein Schritt zu dem Meer, das so weit weg ist.

Guram Odischaria meidet die Bezeichnung „Georgisch-abchasischer Krieg" mit Absicht. Wo es nötig ist, spricht er von dem „Konflikt in Abchasien", in der Hoffnung, dass sich die Auseinandersetzung zwischen Georgiern und Abchasen bald lösen lassen wird. Zusammen mit rund 300.000 Flüchtlingen, die ihre abchasische Heimat verlassen und über den Pass in das swanetische Hochgebirge fliehen mussten, träumt er davon, endlich wieder einmal am Strand der abchasischen Schwarzmeerküste den Sonnenuntergang zu genießen. Irgendwann einmal will er wieder zusammen mit seinen Freunden auf der Promenade in Suchumi entlang spazieren, begleitet von dem so sehr vermissten Meeresrauschen.

Auch ich will dahin, zu dem Meer, das für uns immer noch so weit weg ist!

Manana Tandaschwili
3. August 2018

Georgien. Tbilisi. Rustaweli-Boulevard

Das neue Georgien erlebte seine Geburt am 9. April 1989, lange vor der Unterzeichnung des Todesurteils über die UDSSR in der Beloveskaja Pušča in Weißrussland. An jenem Tag lösten Spezialkräfte der sowjetischen Armee gewaltsam eine Demonstration von Bürgern auf, die die Unabhängigkeit Georgiens forderten und in den Hungerstreik getreten waren. Durch den rücksichtslosen Einsatz starben an jenem Tag 20 junge Menschen, zum großen Teil Frauen. Viele wurden verletzt oder durch das Gas vergiftet, das die Einsatzkräfte verwendeten.

Dies sollte eines der letzten Male gewesen sein, dass die Armee der UDSSR gegen das eigene Volk eingesetzt wurde. Bald darauf strotzte das inzwischen unabhängige Land nur so von Visionären, die verkündeten, dass Georgien, indem es sich aus den Trümmern seiner kommunistischen Vergangenheit erhob, bald wie die Schweiz sein würde. Man würde das einzigartige Borjomi-Wasser wie auch den einzigartigen georgischen Wein in der ganzen Welt verkaufen, und wenn das nicht ausreichen würde, könnte man ja immer noch die Wasserquellen verkaufen – schließlich gebe es ja nirgendwo sonst derartige Quellen.

An dieser Stelle gilt es festzuhalten, dass ein Teil der georgischen Analytiker der Auffassung ist, der damals gebräuchliche Terminus „Volksbewegung" sei unzutreffend – es habe sich vielmehr um eine rein antikommunistische Bewegung gehandelt. Und dafür gibt es verschiedene Argumente.

Die erfolgreichen Geschäftsleute aus der Sowjetzeit verschwanden heimlich, still und leise. Angebrachter wäre es wohl, wenn man sie als Konformisten der Breschnew-Ära bezeichnen würde. Bald konnte man sie im ganzen Land beobachten, wie sie jeden Sonntag zur Kirche gingen: sie lernten, wie man eine Kerze anzündet, und begannen, sich unbeholfen zu bekreuzigen.

Die Bevölkerung nahm den Aufbau des neuen Georgiens mit frischem Elan in Angriff, und der erste Präsident, Sviad Gamsachurdia, wurde bei einer 80%-igen Wahlbeteiligung mit 87% der Stimmen gewählt.

Mit der Unabhängigkeit Georgiens verbanden sich aber auch viele Probleme. Zu den schwierigsten davon gehörten der georgisch-ossetische und der georgisch-abchasische Konflikt. Dies ist jedoch ein Thema für sich, das ich in meinen Schriften schon vielfach behandelt habe; trotzdem möchte ich an dieser Stelle festhalten, dass es die georgische Regierung deshalb nicht vermochte, den Kriegsausbruch zu verhindern, weil sie gar nicht die Absicht hatte, diese Krisen friedlich beizulegen. Wie sich im Laufe der Zeit zeigen sollte, verfügte sie nicht einmal über die dafür notwendigen Fähigkeiten und Erfahrungen. Deshalb kam es zu den kriegerischen Auseinandersetzungen. In Georgien spricht man in diesem Zusammenhang übrigens auch vom „Russisch-Georgischen", „Russisch-Amerikanischen" und „Inner-Georgischen Krieg".

Eine kleine Ergänzung: Ein sehr ernstes Problem für das junge, unabhängige Georgien war das Stromdefizit. Einige der Bürger hatten zwei oder drei Anschlüsse, aber Stromzähler wurden nur hier und da dazwischengeschaltet und gaben im übrigen bald ihren Geist auf. Natürlich war die Hauptstadt am besten mit Elektrizität versorgt. Aber auch hier gab es Bürger, die aus Protest die Straßen mit ihren Autos versperrten und Barrikaden aufbauten, um dafür zu sorgen, dass irgendwann auch in ihrem Viertel der lang ersehnte Strom fließen würde. (Ich hoffe sehr, dass derartige Straßenblockaden ebenso wie ihre Ursache für zukünftige Generationen etwas vollkommen Fremdes darstellen wird).

Genau zu jener Zeit erlangten die sogenannten „Strommänner" Berühmtheit: wahre Spezialisten, zu deren Popularität auch die Massenmedien kräftig beitrugen. Zeitungsredakteure, Fernseh- sowie Radiojournalisten trafen sich regelmäßig mit ihnen und stellten ihnen unzählige Fragen. Die wichtigste davon lautete: Wann wird es in Georgien endlich ein stabiles Stromnetz geben? Ganz Georgien kannte diese „Strommänner", und sie wurden oft auf offener Straße angesprochen; fast hätte man sie um ein Autogramm gebeten.

Heute, im Jahr 2004, ist im ganzen Land genug Strom vorhanden, und die Städte strahlen im Lichterglanz. Die „Strommänner" gehören der Vergangenheit an, und man erinnert sich nicht einmal mehr an ihre Namen.

Vor einigen Jahren tat sich in der Hauptstadt jedoch ein Problem mit der Wasserversorgung auf, und alsbald erschienen auf den Bildschirmen der Fernseher die „Wassermänner". Denen blieb eine vergleichbare Popularität allerdings versagt, denn glücklicherweise wurde das Wasserproblem schnell gelöst.

Wollen Sie wissen, was die größte Aufmerksamkeit erregt? Das, was selten ist, das was wir nicht haben, und das, was gerade in der Krise steckt – genau diese Dinge werden populär.

Zurück zu unserem Thema. Während der letzten zwanzig Jahre waren Politiker, gleich ob hohen oder niedrigen Ranges sehr populär in Georgien, vielleicht sogar die populärsten Gestalten des Landes überhaupt. Mithilfe der Massenmedien, insbesondere des Fernsehens, wurden sie gleichsam Mitglieder in der abendlichen Runde einer jeden georgischen Familie. Durch die zahlreichen Sendungen, Interviews und Reportagen weiß die Bevölkerung ganz genau, welcher bekannte Politiker welche Schule besuchte, in welcher Klasse er sich zum ersten Mal verliebt hatte und was seine Lieblingsspeise ist. Und natürlich sieht man auch Bilder aus ihrer Kindheit, und so weiter und so fort …

Langsam werden Sie verstehen, worauf ich hinaus möchte: populär werden diejenigen, in deren Arbeitsbereich es schwerwiegende Probleme gibt.

Heutzutage, mehr denn jemals zuvor, ist die georgische Politik in alles verstrickt: Kulturangelegenheiten und Kunst ebenso wie Wirtschaft … sie hat das Land geradezu überflutet und einen Sumpf zurückgelassen, und alles das verbunden mit der allgegenwärtigen Hoffnung auf eine bessere Zukunft.

Die Politik ist so in den gesamten Alltag der Bürger hineingesickert. Georgien ist im postsowjetischen Raum wohl das am stärksten politisierte, von einer übermächtigen Politik geprägte Land. Wenn man in dieser Zeit über das Leben der Georgier sprechen will, kommt man nicht darum herum, über die drei Präsidenten und deren

Umgebung zu sprechen, die bisher das Land regierten; ein Land, das sich nach dem Leben dieser drei Präsidenten auszurichten hatte. Als Beweis dafür kann man jegliche Ausstrahlung über sie im Fernsehen verwenden: Am Anfang nehmen die Menschen ihren neuen Präsidenten stets liebevoll in die Arme, indem sie ihn aus vollem Herzen willkommen heißen, aber nur, um ihn später ebenso heftig von sich zu stoßen.

Sviad Gamsachurdia war erst einige Monate im Amt, als sich in Tiflis, auf dem Rustaweli-Boulevard, wo am 9. April die Demonstrationen zerschlagen wurden und wo sich auch der spätere Präsident selbst mit seinen Anhängern zusammengefunden hatte, seine Gegner versammelten und seinen Rücktritt forderten. Die Zahl der Demonstranten wuchs stetig an, und die Bürger, in der Erwartung schlechter Nachrichten, verfolgten ganz genau die Geschehnisse auf dem wichtigsten Boulevard im ganzen Land.

Natürlich löste sich bald der erste Schuss, Blut wurde vergossen. Das Land spaltete sich, wurde geradezu auseinandergerissen. Ganz Georgien versank im Chaos, vor allem aber der Westen des Landes.

„Was habt ihr denn gedacht, Demokratie ist doch kein Zuckerschlecken!" rief den Bürgern Dschaba Ioseliani zu, ein stark übergewichtiger Mann, einer der führenden Politiker des Landes und ein entschiedener Gegner Gamsachurdias und Freund Eduard Schewardnadses. Letzterer hat seinen „Freund" übrigens reich beschenkt, später jedoch für mehrere Jahre ins Gefängnis gesteckt.

Er selbst wurde der zweite Präsident im Amt des neuen unabhängigen Staates: Eduard Schewardnadse, der lange Zeit der Führer der kommunistischen Partei war. Bei seiner ersten Wahl im November 1995 erhielt er 74% der Stimmen, bei der zweiten im April 2000 waren es 79%. Seit 1992, als er in sein Heimatland zurückkehrte, und noch lange bevor er Präsident wurde, war er der georgische Regierungschef.

„Ein großartiger Politiker!" prahlten stolz seine Anhänger, nicht ohne stets darauf hinzuweisen, dass er mit Bush, Baker oder Genscher befreundet sei.

„Ein großartiger Politiker!" riefen hasserfüllt und voller Ironie seine Gegner auf Versammlungen, mit Parolen wie „Schewardnadse – der Satan persönlich".

Schewardnadse war erst seit wenigen Monaten wieder im Lande, als man Georgien in die UN aufnahm. Seine Unterstützer behaupteten stets, man habe nicht Georgien sondern Schewardnadse aufnehmen wollen.

Nur wenige Tage nach der Aufnahme in die UN rollten die Panzer der georgischen „Gvardia" in Abchasien ein (am 14. August 1992). Das war der Beginn des georgisch-abchasischen Kriegs.

Ein Jahr später, Ende September 1993, fand der bewaffnete Konflikt in Abchasien ein Ende, und den Flüchtlingen aus Süd-Ossetien schlossen sich neue Flüchtlingswellen aus Abchasien an. Tausende Georgier, Abchasen und Osseten, wie auch Angehörige anderer Ethnien waren umgekommen (allein in Abchasien soll es 15000 Opfer gegeben haben, wie mehrere Quellen berichten). Die Gesamtzahl der Flüchtlinge betrug fast 300000. Den Konflikten, die aus dem Zerfall der Sowjetunion resultierten, sowie dem damit verbundenen ökonomischen Verfall waren die Menschen schutzlos ausgesetzt. Es gab weder Brot noch Elektrizität im Land. Es blieb nur noch die Hoffnung auf humanitäre Hilfe aus dem Ausland.

Mit dem Zusammenbruch der Regierung Gamsachurdias zerbrachen auch die Träume vieler. Doch schon sehr bald offenbarte sich ein neues Gesicht, das Hoffnung auf eine traumhafte Zukunft verhieß – Schewardnadse!

Eduard Schewardnadse führte das unabhängige Georgien genauso, wie er es schon zuvor als Chef des Zentralkomitees der kommunistischen Partei getan hatte. Am Ende seiner Karriere war er offensichtlich damit beschäftigt, ein neues Moskau in Washington zu finden. Ungeachtet dessen, dass er tatsächlich einige Probleme lösen konnte, hinterließ er dem Land ungelöste und hochbrisante Konflikte, einen desolaten Finanzhaushalt, grassierende Korruption, soziale Ungerechtigkeit und Flüchtlinge, welche unter den unmenschlichsten Umständen leben mussten. Was blieb, war nichts als trügerische Hoffnung und leere Versprechungen.

Der Reichtum der kaukasischen Schweiz gründete sich auf korrumpierte Modeviertel und Paläste, nicht aber auf das Land selbst.

Auf dem wichtigsten Boulevard des Landes versammelten sich bisweilen wieder kleine oder mittelgroße Menschengruppen, jedoch keine von „ozeanischem" Ausmaß (das wären Mengen von 50, 150 oder gar 300 Tausend Personen).

Die nächste Versammlung von ozeanischem Ausmaß fand erst im Jahr 2003 statt, und sie mündete am Tag des hl. Georg am 23. November im Sturz Schewardnades. Die Aktion, optimistisch als „Rosenrevolution" bezeichnet, stand unter der Führung des neugeborenen Sterns am Politikhimmel, Micheil Saakaschwilis. Schewardnadse trat zurück, und das Volk war bereit, jedem beliebigen selbsternannten Führer die Carte Blanche zu erteilen – und der nächste Auserwählte war Saakaschwili, der mit einer Rose in der Hand und einer kugelsicheren Weste unter dem Anzug durch die Tür des Parlaments stürmte und sich einen Schluck von dem Tee des erst wenigen Minuten zuvor davongelaufenen Präsidenten genehmigte. Mit diesem Schluck Tee lud sich der neue Führer alle Probleme und Hoffnungen des Landes zugleich auf. Und für eine gewisse Zeit war die Rose ein politisches Symbol.

Anderthalb Monate später wählte das unabhängige Georgien Micheil Saakaschwili mit einer bisher nie dagewesenen Mehrheit von 97% zum neuen Präsidenten, und unter der Führung des jüngsten Präsidenten aller Zeiten begann man eifrig zu arbeiten. Nach einer langen Zeit des Stillstands bewegte sich das Land endlich wieder in Richtung auf echte Staatlichkeit, und es herrschte Aufbruchstimmung. Doch schon bald nach der Rosenrevolution machte sich wieder eine gesellschaftliche Spaltung bemerkbar: Es gab nun die „Alten" und die „Neuen", wobei nicht nur ich am Ende den Überblick verlor, denn manche der „Neuen" waren ebenso offensichtlich alt wie einige der „Alten" neu waren.

Die kommunistische Heimat existiert schon lange nicht mehr. Immer wieder jedoch mischen sich Menschen aus der Vergangenheit ebenso wie solche aus der Zukunft unter die gegenwärtige Gesellschaft, und sie ähneln einander so sehr, das man sie nur bedingt unterscheiden kann.

Die „Neuen" überzogen das Land ihrer Väter und Großväter mit neuen Sehenswürdigkeiten, mit aufwändigem Feuerwerk und gewaltigen Fontänen, mit neuen Prachtbauten und Autobahnen. Schnell wurde natürlich auch das Problem mit der defizitären Elektrizitätsversorgung behoben.

Viele konnten mit den Eigenheiten der neuen Zeit nur wenig anfangen – im eiskalten Ozean der kommerzialisierten Gesellschaft ging die Welt des alten Georgiens unter wie die Titanic.

Schließlich gehört Georgien zu jenen traditionell und konservativ ausgerichteten Ländern, wo „Neues" stets mit Verzögerung und auf seine eigene Art Fuß fasst.

Friedliche und auf den Krieg ausgerichtete Initiativen vermischten sich miteinander; manchmal war der „Frieden" dem Krieg gleich und manchmal sogar unbarmherziger. Das Land lebte (und lebt noch immer) in einer konfliktträchtigen Epoche, in der der eine Konflikt dem anderen folgt.

Weder die „Alten" noch die „Neuen" vermochten es, dem Volk gegenüber ihr Wort zu halten, gleich ob sie es vor oder nach der Wahl gegeben hatten: „Wir lösen die Konflikte, wir bringen die Vertriebenen zurück in ihre Häuser!" „Wir rotten die Arbeitslosigkeit aus!" Die „Neuen" untermauerten ihre Versprechungen mit Losungen wie „Bald sind wir Mitglied der Nato!" „Bald wird uns der Westen helfen!" „Die Amerikaner werden uns unterstützen!"

Ich frage mich, wie es in diesen Jahren den „gewöhnlichen Bürgern" erging (gibt es eigentlich auch „ungewöhnliche"?), die, nach Unabhängigkeit und Freiheit strebend, die Tür dem Kapitalismus, der Demokratie und den damit verbundenen fremden Problemen öffneten. Was haben sie von diesen neuen Zeiten erwartet? Was haben sie erhofft? Welche von ihren Hoffnungen hat sich bisher erfüllt, und welche wird sich noch erfüllen? Ich frage mich, wie es ihnen jetzt geht? ...

Unsicherheit ist nur eine Form von Strafe, und die Reaktion des immer wieder in Unsicherheit verfallenden Volkes bestand in dem Protest, der sich in Versammlungen und Demonstrationen manifestierte, jenes Volk, das das Fundament einer jeden neuen Regierung bildete.

Und jede neue Regierung errichtete ihre eigene hierarchische Pyramide. Schewardnadse zum Beispiel hatte mit seiner Entourage eine besonders stufenreiche Pyramide, die aus der Regierung, einem korrupten Umfeld, dem Schwarzmarkt und den „Kardinälen" der Politik, der Elite der Intelligenzia bestand, und deren überproportional aufgeblasene Spitze das Fundament unerträglich belastete. Die „Neuen", kaum an die Macht gekommen, bemächtigten sich schnell eines Meißels, um der Pyramide ihre klassische Form zurückzugeben, mit einer einzigen Spitze. Die neuen Herren über das alte Land entledigten sich also der überflüssigen Spitzen, doch in ihrem Übereifer erschütterten sie das Fundament so sehr, dass dieses fast der Spitze zum Opfer fiel. In einer völlig überstürzten Aktion hätten sie beinahe jeden über 40-jährigen zum Rentner erklärt. Die Folge war eine massive Arbeitslosigkeit, die letztlich auch zu einer massenhaften Auswanderung führte. Das Budget wurde geplündert, um das Heer zu modernisieren, Gebäude instandzusetzen, Straßen zu bauen; an soziale Reformen hingegen dachte niemand. Die Spitze der Pyramide bereicherte sich und entfernte sich immer weiter von ihrem Fundament.

Warum schwieg die intellektuelle Elite, als das Volk die Repräsentanten der staatlichen Institutionen anprangerte? Warum stand sie der Regierung nicht mit ihrer Expertise zur Seite, warum lieferte sie keinerlei Lösungsansätze? Aber auf diese „intellektuelle Elite" waren ja weder die „Alten" noch die „Neuen" angewiesen. Eine Gesellschaft, die immer nur berät und debattiert, aber keine Entscheidungen trifft, kommt einem Pensionär gleich.

Die Hoffnungen und das große Vertrauen des Volkes in seine Regierung endete nach einer gewissen Zeit stets mit einem gebrochenen Herzen. Wahre Freiheit erreicht man schließlich mit einer Kultur, die sich auf Freiheit gründet, und nicht mit politischer Kosmetik oder mit einer endlosen Wiederherstellung immer wieder derselben Politik.

Gründe für die enttäuschten Erwartungen an die Regierung gab es viele: Immer wieder stellte sich diese über das Gesetz, verbunden mit allgegenwärtiger Korruption; ein riesiger Abgrund klaffte zwischen dem, was die politische Elite versprach, und dem, was sie wirklich umsetzte. Der teils abstoßende, teils gefährliche Populismus der führenden Politiker paarte sich mit Egozentrismus und Messianismus. Jeder von ihnen beharrte darauf, Recht zu haben; keiner gab offensichtliche Fehler zu, und keiner wollte auf Ratschläge hören.

Ein zusätzliches Problem stellte die fortschreitende, ungeordnete Radikalisierung der bürgerlichen Gesellschaft dar. Das Volk suchte nach einem charismatischen Führer; zugleich sehnte es sich danach, dass die gerade erst Fuß fassende Demokratie endlich rasch positive Wirkungen erzielen würde, und alles das bei völliger Missachtung der realpolitischen Verhältnisse. Um es kurz zu fassen: Unsere Heimat ist genau so, wie wir sind. Und die Heimat unserer Kinder wird genau so sein wie unsere Kinder.

Seit dem 9. April 1989 hatte Russland nur noch eine einzige Rolle auf der politischen Bühne in Georgien inne – die eines Monsters, eines „schwarzen" Helden. Die Spektakel der politischen Bühne Russlands wechselten sich ganz im Stile von Telenovelas ab: Mal trat das Land mit maßlos übertriebener Grandezza auf, mal war seine politische Ungeschlachtheit nicht mehr zu unterbieten … Die USA waren natürlich auch einer der Hauptakteure in diesem Spektakel, jedoch war ihre Rolle eine ganz andere. Und natürlich gab es auch noch einige weitere Länder, von höchstens mittelmäßiger Bedeutung, die als Nebendarsteller auftraten …

Die Georgier spielen eine markante Rolle unter den Ethnien des Kaukasus. Georgien ist der einzige kaukasische Staat, dem Russland die Visumspflicht auferlegte. Keine der Regierungen Georgiens, über all die verschiedenen Legislaturperioden hinweg, hat es vermocht, die Grundlage für einen Dialog mit Russland aufzubauen, ungeachtet der Ratschläge vieler westlicher Politiker, den Faktor „Russland" nicht aus dem Auge zu lassen. Mal trugen die georgischen Politiker und mal die russischen zur Verschärfung des Konflikts bei. Im Jahre 2006 wurden georgisch-stämmige

Personen gezielt aus diversen Regionen Russlands deportiert. Bis zum heutigen Tag hält Russland seine ökonomischen Sanktionen gegenüber Georgien aufrecht, das es mithilfe seiner Energieressourcen erpresst. Diese unangebrachte und grobe Art der Politik entfremdet die georgische Bevölkerung immer weiter von ihrem nördlichen Nachbarn.

Zu Zeiten der Sowjetunion hatte Georgien noch über fünf Millionen Einwohner, heute sind es kaum noch vier Millionen. Mehr als eine Million Menschen haben das Land verlassen, einigen Quellen zufolge sogar über anderthalb Millionen. Ein großer Teil dieser Emigranten hat inzwischen bereits eine andere Staatsbürgerschaft, und nur ein kleiner Teil kehrt immer wieder nach Georgien zurück, aber auch bei denen trägt die instabile Situation kaum zur Hoffnung bei, eines Tages wieder auf Dauer in ihr Heimatland zurückkehren zu können. Ein großer Teil der Emigranten lebt in Russland, aufgrund ihrer Kontakte aus der Vergangenheit und ihrer Russisch-kenntnisse. Die Angehörigen der jüngeren Generation hingegen sind auch anderer Sprachen mächtig, vor allem des Englischen, und lassen sich deshalb in anderen Ländern nieder.

Die Regierung hat mehrfach erfolglos versucht, diese Emigranten zur Rückkehr in ihre Heimat zu bewegen. Solange es kaum Arbeitsplätze gibt, gleicht dies einer Einladung an einen ungedeckten Tisch. Zudem ist der Reintegrationsprozess langwierig und alles andere als leicht.

Vertreter anderer Nationen merken des öfteren an, dass wir Georgier ein artistisches Volk seien. Vielleicht liegt das daran, dass wir eine ganz besondere Liebe zum Theater haben. In den letzten 15 Jahren hat sich in Georgien die Zahl der Theater verdreifacht, vielleicht sogar schon vervierfacht. Ich bin der festen Überzeugung, dass Georgien das Land mit der größten Theaterdichte im Kaukasus ist. Selbst zu den Zeiten, als ständig der Strom ausfiel, und sogar im kältesten Winter gab es immer genug Zuschauer für die Aufführungen, die mithilfe von Generatoren bewerkstelligt wurden. Es ist sicher kein Zufall, dass sich das weltbekannte Rustaweli-Theater gerade auf dem Rustaweli-Boulevard befindet, nur wenige hundert Schritte vom Parlament entfernt.

Ganz wie unsere Tischsitten ist auch unsere Politik einem Theaterstück ähnlich, und der Tamada (der Tischherr, der die Trinksprüche ausbringt) ist der Präsident. Immer wieder geben unsere Politiker Sprüche von sich wie „Wir sorgen schon für eine tolle Aufführung!" „Was ist das denn für ein Spektakel?" „Wir werden denen noch beibringen, wie man richtig Regie führt!"… Und natürlich haben sie dabei ihr eigenes politisches Theater vor Augen.

Die Redewendung „Brot und Spiele" braucht einen kleinen Zusatz, damit sie auf die georgischen Verhältnisse passt: „Brot, Wein und Spiele". Für den Georgier sind Essen und Trinken der Inbegriff von Freundschaft und Gastfreundschaft.

Um es nochmal zu erwähnen – wir Georgier lieben das Fernsehen. Georgien ist trotz seiner Armut eines der zehn am reichsten mit Fernsehgeräten ausgestatteten Länder der Welt – es müsste also genauer „Brot, Wein, Spiele und das Fernsehen" heißen. Und das, obwohl das georgische Fernsehen in den letzten Jahren geradezu überschwemmt wurde von politischer Propaganda, von bitteren Ereignissen, von echten Politikern und solchen, die nur vorgeben, Politiker zu sein. Kurzum: Für das Spektakel geeignete und völlig talentlose Persönlichkeiten geben sich die Hand.

Aber der Kühlschrank war stets halb, wenn nicht sogar ganz leer, Und der Georgier lebte mit seinem fast leeren Kühlschrank zusammen, an den Fernseher gefesselt.

Ungeachtet einiger unbestreitbarer Erfolge büßten die „Neuen" die für sie charakteristische Dynamik des Fortschritts schnell ein, und schon vier Jahre nach der Rosenrevolution versammelte sich auf dem Rustaweli-Boulevard wieder eine Menschenmenge von „ozeanischem Ausmaß" (verschiedenen Quellen zufolge waren es 100, 150 oder 200 Tausend Menschen). Nur gab es diesmal kein Happy End wie bei der Rosenrevolution. Die Regierung ließ verlautbaren, der Staat sei der Staat, und am 7. November, genau an jenem Tag und an derselben Stelle (auf dem Rustaweli-Boulevard!), wo die georgische Regierung 60 Jahre lang aus Anlass der Sozialistischen Oktoberrevolution Paraden gefeiert hatte, fuhr die Regierung den Demonstranden in die Parade: Das Meeting von „ozeanischem Ausmaß" wurde gewaltsam aufgelöst, mit Wasserwerfern, Gummi- und Holzknüppeln, Tränengas, Gummigeschossen und, schlussendlich, scharfer Munition. Zudem kam eine Beschallung zum Einsatz, deren unerträgliches Dröhnen den Demonstranten noch wochenlang Alpträume einjagte. Die Regierung „säuberte" (wie die hohen Politiker es nannten) erst den Rustaweli-Boulevard, später folgte das Ufer des Kura-Flusses. Zum Glück kam niemand ums Leben, aber knapp 700 Verletzte mussten Krankenhäuser aufsuchen. Der Premierminister versuchte noch am selben Tag, die Wogen zu glätten: das Gas stamme ja nicht aus russischer Produktion, niemand brauche sich also Sorgen zu machen. Doch nur noch wenige hörten auf ihn. Der Ausnahmezustand wurde ausgerufen, einige Radio- und Fernsehsender wurden geschlossen. Einige Politologen bezeichneten diese Eskalation später als „kleines 37" (im Gedenken an die massive und gewaltsame Vertreibung von „unbequemen Personen" im Jahre 1937 unter Stalin), einige andere auch als den zweiten „9. April"; für die höchsten Regierungskreise hieß es jedoch einfach „Gesetz ist Gesetz", es habe keinen anderen Ausweg gegeben, um die Staatlichkeit Georgiens aufrecht zu erhalten.

„Das ist der Staat!" Immer wieder wiesen die Regierungsvertreter die georgischen Bürger mit diesen Worten in ihre Schranken und ließen sie spüren, dass der Staat auch bestrafen kann, wenn es nötig ist.

„Das soll ein Staat sein?" fragten sich die Bürger, die von ihrem Staat nicht Bestrafung, sondern in erster Linie Schutz, Beistand und Mitgefühl erwarteten, und von der Regierung, dass sie ihn unter dem Banner des Friedens und der Freiheit führen solle, so wie ein Kapitän und sein Lotse ihr Schiff in das offene Meer führen, indem sie jeglicher Gefahr ausweichen.

Es lässt sich leicht zusammenfassen: Der 9. April war die Geburtsstunde der Regierung Gamsachurdias. Gemeinsam mit ihren Opponenten war diese für die Ereignisse im Dezember 1991 verantwortlich, die zur Regierung unter Schewardnadse führten. Gemeinsam mit ihren Opponenten brachte Schewardnadses Regierung die „Rosenrevolution" und die Regierung von Saakaschwili hervor, und diese, wiederum gemeinsam mit ihren Opponenten, die Ereignisse des 7. November – und die Neuwahlen für einen neuen Präsidenten.

Die Geburt einer jeden neuen Regierung fand auf dem Rustaweli-Boulevard statt, der sich durch die Macht der Demonstrationen zu einem staatsrechtlich noch nicht definierten Organ großer Entscheidungskraft entwickelt hat.

Ein weiteres Mal, wie unzählige Male zuvor, wurde die georgische Gesellschaft gespalten. Der Boulevard zwang dieses Mal den Präsidenten Saakashvili zum Rücktritt, doch diesmal war es der Präsident selbst, der Neuwahlen ausrief – für den 5. Januar 2008. Und so wie er sie ausgerufen hatte, so gewann er sie auch. Diesmal bekam er jedoch nicht den überwältigenden Zuspruch wie beim ersten Mal. Nur noch 53% der Wähler entschieden sich dafür, ihm ihre Stimme zu geben.

Am 20. Januar 2008 fand der erneute Amtsantritt des Präsidenten statt, vor dem Parlament auf dem Rustaweli-Boulevard. Seine zahlreichen politischen Gegner hatten sich bei der Pferderennbahn versammelt. Saakashvili wiederholte den Wahlspruch seiner ersten Wahlperiode: „Georgien – ohne Armut!" Die Opposition hingegen skandierte: „Die Wahlen sind gefälscht – wir erkennen Saakashvili nicht als Präsidenten an!" Die Neuwahlen konnten das geteilte Georgien nicht einen.

Innerhalb des Kaukasus, vielleicht sogar unter allen postsowjetischen Ländern, ist Georgien der Rekordhalter, wenn es um die Menge der innenpolitischen Probleme geht, mit seinen ungelösten Konflikten und seiner notorisch schwachen Wirtschaft. Keine Regierung war bisher in der Lage, flächendeckend für Frieden und Aufschwung zu sorgen, die unerlässlichen Bedingungen für Fortschritt und Stabilität. Und die georgische Gesellschaft mit ihrem absurden Optimismus hat es nie gelernt, sich der Realität zu stellen.

Kein Präsident konnte bisher seine Legislaturperiode zu Ende bringen. Das Land lebt ähnlich wie ein Sprinter: Alle drei Präsidenten wollten es nach dem Motto „ein Mann, ein Land" formen, doch stattdessen verliert sich die gesamte Energie der Bevölkerung seit jeher in Misstrauen und sinnlosen Auseinandersetzungen.

Wenn weiterhin alles beim Alten bleibt, wenn sich keine neue politische Kultur herausbildet, wenn Politik und Gesellschaft keinen Dialog auf der Basis von Harmonie etablieren und die aktuelle politische Situation weiterhin weder analysiert noch revidiert wird, dann werden die Hoffnungen der realitätsfremden Bevölkerung auch weiterhin enttäuscht werden und die entscheidende Rolle in der politischen Geschichte Georgiens weiterhin der Boulevard spielen, der den Namen des bedeutendsten Dichters unseres Landes trägt: Schota Rustaweli.

Januar, 2008

Der Essay erschien zuerst in dem Buch „Histories of hope in the first person" (London 2008).

Aus dem Buch „Besiegt, schon vor dem Krieg"

… Der Krieg verschont weder die Menschen noch ihre Umgebung. Überall in der Stadt hört man Sturmgewehre. Oft schießen gelangweilte Soldaten auf streunende Hunde, einfach so. Die Hunde dienen ihnen als lebendige Zielschieben. Auch auf Möwen, Tauchenten, Reiher und Tauben schießen sie. Die sind auch nur Zielscheiben. Das beste Ziel gibt eine auf einer Klippe sitzende Möwe ab. Wenn sie fliegen, kann man sie nicht treffen, oder allenfalls sehr selten. Ein paar Mal habe ich eine blutüberströmte Möwe gesehen, die über die Meeresoberfläche flatterte. Die Enten sind vorsichtiger, sie verstecken sich vor den Schießwütigen und schwimmen weiter hinaus, werden aber trotzdem getroffen. Die Sturmgewehre haben eine große Reichweite. Der Schuss fällt … zwei dreieckig geformte Füße werden in die Luft geworfen, und die Ente taucht ein allerletztes Mal in die heimischen Gewässer hinab.

Die Taube aus Picassos Gemälde habe ich auch schon gesehen – auf dem Asphalt klebend, mit zerfetzter Brust.

– Was sollen wir tun? Wir müssen schießen üben, keiner bringt es uns bei – sagte mir einmal ein Soldat. – Ich habe einen Bekannten, der schon einige Gefechte hinter sich hat. Auf dem Meer hat er festgestellt, dass er doch nicht so gut zielen kann. Er hatte das Auge stets nach dem Rohrverlauf ausgerichtet und nicht auf Kimme und Korn geachtet. Deshalb kamen seine Schüsse immer oberhalb des Zieles an. So hat er wohl alle seine Gefechte bestritten.

Die Möwen haben Suchumi verlassen, nur einige wenige flattern dort weiter herum. Und auch die machen keinen gesunden Eindruck. Die Vögel konnten das, was die Menschen zu ertragen hatten, offenbar nicht aushalten. Als ich einmal eine aus Suchumi vertriebene Familie in Batumi besuchte, war ich über die Vielzahl der Möwen verwundert. Ich bin mir sicher, viele von denen waren auch aus Suchumi gekommen.

Ich bin zu Fuß von Matschara nach Suchumi unterwegs. Keiner der Minibusse, die zwischen Dranda und dem Bazar in Suchumi verkehren, leistet seinen Dienst. Es ist Morgen. An der Brücke in Matschara hält ein Toyota ohne Nummernschild. Aus dem Auto steigt ein Mann in amerikanischer Armeeuniform und schießt in Richtung auf das Matschara-Ufer (auch der Fluss heißt Matschara). Man hört das Heulen und Winseln eines Hundes. Der Uniformierte lächelt stolz dem Soldaten an der Brückenwache zu – so schießt man richtig! Er steigt wieder in das Auto und rast wie ein Verrückter Richtung Suchumi.

Im Hof hinter meinem Haus streiten sich mehrere Soldaten. Einer von ihnen hat sich betrunken und den Jagdhund meines Nachbarn Chusa erschossen. Chusa, seinerseits angetrunken, steht am Baum und vergießt Tränen. Der erschossene Hund liegt im Gras.

– Du bist kein Mann! – schreit ein anderer Soldat den Betrunkenen an. – Was geht es dich an, dass er gerade mit einer streunenden Hündin zugange war. Musst du ihn deswegen gleich erschießen? Du bist doch kein Mann!

Das Wortgefecht mündet in eine Schlägerei, bis andere Soldaten einschreiten und die Streitenden trennen.

– Das ist nicht gut, dass sie sich streiten – sagt ein in die Jahre gekommener Mann, der in der Nähe steht. – Im Gefecht werden sie sich dann noch gegenseitig in den Rücken schießen … Das kommt davon, wenn man sich streitet …

Von der Matschara-Brücke sind Schüsse zu hören. Sie schießen auf Fische, und manchmal treffen sie sogar. Manchmal fischen sie auch mit Handgranaten. Einmal haben sie sogar eine Panzerabwehrgranate in das Meer geschossen. Kurz vor dem Aufschlag öffnete sich bei der Granate, wie üblich, der Fallschirm, und der Wind trieb sie zurück zum Strand, auf die zu, die sie abgeschossen hatten. Wie die Verrückten machten sie sich aus dem Staub, diese selbsternannten Fischer, und kamen so gerade noch mit dem Leben davon.

Während des Krieges erzählte mir ein Bekannter folgende Geschichte: Die Artillerie-Brigade in Ober-Kelasuri war dabei, sich nach wiederholten Angriffen der feindlichen Kräfte auszuruhen. Am nächsten Morgen trieb eine alte Frau dort ihre Kuh zur Weide. Bei der Artillerie schießt man üblicherweise mithilfe von Leinen und Schnüren, die an der Abzugsvorrichtung befestigt werden. Wenn die gegnerische Seite das Feuer eröffnet oder ein Luftangriff stattfindet, weichen die Soldaten in die befestigten Gräben aus und betätigen den Abzug mithilfe der Schnüre von dort aus. Darauf kriecht einer zum Geschütz, lädt nach, und das Ganze beginnt von vorne. Als die alte Frau die auf dem Boden liegende Schnur sah, bat sie die jungen Soldaten darum, ihr etwas abzugeben: – Ich brauche es für meine Kuh. – Selbstverständlich, Oma, nimm dir, soviel du brauchst – antworteten die Soldaten und grinsten sich gegenseitig mit einem teuflischen Lächeln an.

Die alte Frau rollte das Seil fein säuberlich auf und kam dem Geschütz immer näher. Oma, du darfst den Geschützen nicht zu nahe kommen, das ist gefährlich! – riefen ihr die Artilleristen zu, – du musst das Seil kräftig zu dir ziehen! Und die alte Frau zog am Seil … Hätte sie doch besser nicht gezogen! Es donnerte … Und wie … Die Artilleristen konnten sich vor Lachen kaum noch halten. Einer von ihnen machte sich dann doch Sorgen, ob mit der alten Frau alles in Ordnung sei. Sie sahen nach und fanden sie tatsächlich lebendig im Gebüsch, vor Angst erstarrt, die Augen vor Schrecken geweitet lag sie da. – Was hast du denn da angerichtet, Oma, da hast du wohl halb Gudauta zerstört? Schnell, du musst hier weg, bevor sie einen Bomber schicken – „empörten" sich die Soldaten, und die alte Frau suchte eilig das Weite. Die Schnur ließ sie zurück, und auch an ihre Milchkuh, die noch viel stärker erschrocken war als sie selbst, dachte sie nicht mehr.

Wie man aus Spezialistenkreisen hört, waren in der Artilleriebrigade viele kampferprobte Krieger, wahre Meister ihres Fachs, aber eine Sache beschäftigt mich dennoch – wo mag das Geschoss eingeschlagen sein, das die alte Frau ausgelöst hatte? In welchem Planquadrat ging es nieder? In welches mehr oder weniger strategisch wichtige Ziel ist es eingeschlagen wie ein Blitz?

Die Soldaten hier schießen oft. Sie schießen, wenn sie betrunken sind, wenn sie gute Laune haben und wenn sie schlechte Laune haben. Niemand schreitet ein und belehrt sie, was dringend nötig wäre. Keiner bringt sie zur Vernunft oder bestraft sie. Unzählige Patronen werden sinnlos verschossen. Einfach so, in die Luft oder sonstwohin. Die Gewehre nutzen sich vorschnell ab, versagen ihren Dienst …

– Die Herren Offiziere beschweren sich über das Besteck – erzählt mir der abgemagerte Koch des Ministerrats auf der Straße, – sie beschweren sich sogar über die Servietten. Sie glauben, sie sind hier im Hotel Metropol. Die einen bestellen dieses Gericht, die anderen ein anderes. Man wird verrückt! Manchmal sagen sie mir, sie kämen in Begleitung einer hübschen Dame – ich verlasse mich darauf, dass du heute einen ausgezeichneten Kebab zubereitest. Manchmal bedrohen sie mich auch. Ich kann nicht mehr, ich verschwinde von hier. Sollen sie sich ihr Essen doch selber zubereiten! Diese Menschen werden den Krieg nicht gewinnen.

Die abchasischen Kräfte haben Gagra eingenommen. In Suchumi herrscht Panik. Am frühen Morgen klopft es an meiner Tür, und als ich aufmache, steht ein Soldat vor mir, etwa 50 Jahre alt.

– Bist du allein? – fragt er mich.

– Ja, bin ich.

– Hast du Kinder?

– Ja, ein Kind.

– Du hast Glück. Ein glücklicher Mann bist du.

– Was wollen Sie? – frage ich.

– Führ mich in das Zimmer dort drüben – sagt er zu mir. – Ein glücklicher Mann bist du …

Ich führe ihn in das Badezimmer, und er mustert die Wände. Anschließend verlangt er einen Stuhl. Nachdem ich ihn ihm gereicht habe, steigt er darauf, öffnet das Fenster und ruft unten jemandem zu:

– Emzar, hier ist eine helle Leuchte und viele Fliesen. Die Fliesen reflektieren sehr stark! – Dann dreht er sich zu mir um: – Du hast echt Glück. Gestern habe ich dir das Leben gerettet … Du hast gegen ein Uhr nachts hier das Licht angemacht, oder?

– Ich glaube schon … – Ich erinnere mich, – ja, habe ich.

– Schau Bruder, du hast hier eine sehr helle Leuchte, und die Fliesen reflektieren sehr stark. Unten hast du uns alles ausgeleuchtet. Wir haben gestern schweres Gerät aufgebaut. Du hast uns richtig gutes Licht dabei gespendet. Und dieses Stockwerk hier ist das oberste, oder? Der neunte Stock, nicht wahr? Und diese Fliesen … Seit Gagra sind wir sehr vorsichtig. Die Jungs dachten schon, du wärst ein Spion, weil du uns ausgeleuchtet hast. Hier sind viele Ratten unterwegs, musst du wissen. Die Jungs wollten dich mit dem Maschinengewehr abschießen. Ich sagte ihnen, sie sollen es lassen. Nur, wenn du noch einmal das Licht anmachen solltest, sollten sie schießen. Du hast es nicht getan … Kurzum, du hast echt Glück. Vor allem mit dem Kind hier … Bravo!

Anschließend zeigt er mir selbstgefällig vom Fenster aus eine Art gepanzertes Fahrzeug mit Gummirädern, auf dessen Dach viele kleine silbern glänzende Raketen montiert sind.

– Unser Gerät, Bruder. Haben wir gestern bekommen.

Ich vergegenwärtigte mir seine Worte und begriff, dass unser Schicksal tatsächlich an einem seidenen Faden gehangen hatte. Genau in dem Moment fasste ich den Plan, das Kind fortzuschaffen.

– Das ist doch wohl nicht euer Ernst, oder? – frage ich ihn aufgeregt. – Bevor ihr schießt, müsst ihr doch zumindest ein bisschen nachdenken, oder? Die Fenster hier, das waren doch wohl auch eure Jungs, die sie zerschossen haben. In den ersten Kriegstagen, oder?

Ich führe ihn in das Wohnzimmer und zeige ihm die von Scharfschützen durchlöcherten Fenster.

– Ja, das waren sie … – Er lacht und streicht mit seinem tätowierten Arm über seine Haare. – Einer von uns (er nannte mir sogar den Namen, aber ich habe ihn vergessen), der sagte, dort in der obersten Etage lauern wahrscheinlich Scharfschützen auf uns. Und dann hat er eben selbst geschossen. Dass hier alles von Kugeln durchsiebt ist, liegt daran, dass du dunkle Vorhänge hast. Bruder, wir sind im Krieg! Du hättest keine dunklen Vorhänge aufhängen sollen! Er hat in jedes Fenster einzeln geschossen … Offensichtlich hattest du schon damals Glück, und jetzt schon wieder … Nun, ich verschwinde dann mal wieder … Ich bin übrigens Sascha. Alle nennen mich Onkel Sascha. Wenn du mich brauchst, bin ich für dich da. Wir sind im Erholungsheim der Künstler untergebracht.

***

Der Krieg zieht blutrünstige Söldner wie ein Magnet an. Der Krieg ist ihre Welt, ihre Bühne. Niemand bestraft sie im Krieg oder zieht sie zur Verantwortung. Sie können sich mit beinahe jeder Uniform unter dem Deckmantel des „Heimatschutzes" tarnen. Es sind Opportunisten, die kaum jemals selbst kämpfen. Richtige Krieger kämpfen im Krieg vom ersten Tag an und riskieren selbstlos ihr Leben. Ein echter Krieger hat vor seinem Gegner Respekt und beachtet die geschriebenen und ungeschriebenen Gesetze des Krieges. Die Söldner hingegen suchen einfach nur nach Gelegenheiten, fernab jeglicher Ideale. Es macht ihnen nichts aus, unbewaffnete und unbeteiligte Menschen zu erschießen. 1993 haben unsere Söldner den 72-jährigen Ivliane Chorawa auf das Schrecklichste gefoltert. Er wohnte in Ober-Pschapi und hatte während des Krieges sein Auto verkauft. Zu viert haben sie den allein lebenden, diabeteskranken Greis überfallen, zwei von ihnen maskiert und zwei unmaskiert. Sie verlangten das Geld aus dem Autoverkauf. Er erklärte ihnen, dass er das Geld an seine Enkel geschickt habe; sie könnten aber alles nehmen, was er da habe. Er flehte sie an, ihn nicht umzubringen. Vier Stunden lang folterten sie ihn, verbrannten seine Fußsohlen mit einem heißen Bügeleisen, versengten ihn am ganzen Körper mit Zigaretten und ließen einen angezündeten Plastiksack über ihm abtropfen. Zwei Monate lang kämpften die Spezialisten in Tiflis um sein Leben und vermochten ihn doch nicht zu retten. Er starb im August. Ende September, nachdem Suchumi und Gulripschi eingenommen worden waren, brannten die in Ober-Pschapi einmarschierenden Truppen sein Haus nieder.

Wachtang Gagua aus Babuschari erhielt Besuch von Uniformierten, die sich als „Weiße Adler" ausgaben. Sie nahmen ihm sein Auto, verprügelten ihn und raubten ihn aus. Nach dem Fall von Suchumi wurde Wachtang von einer Mörderbande umgebracht. Er war bei seinen Freunden äußerst beliebt gewesen und hatte dafür gelebt, mit ihnen zu feiern. Alle hatten ihn als stets lächelnd in Erinnerung.

Das Schicksal Ivliane Chorawas und Wachtang Gaguas teilten nicht wenige andere, während des Krieges wie auch danach.

… Nur einen Tag, nachdem unsere Armee im August in Suchumi einmarschiert war, war die ganze Stadt voll von Räubern und Plünderern. Sie nahmen elektrische Geräte, Teppiche und mit Kleidung vollgestopfte Taschen mit und fuhren einfach mit ihren Autos davon.

Im Hof unseres neunstöckigen Baus steht ein Willis-Jeep, voll beladen mit Raubgut. Ein junger Mann in blauer Uniform, etwa zwanzig Jahre alt (wahrscheinlich ein Polizist), nähert sich dem Wagen und redet auf die Plünderer ein:

– Bitte, tut das nicht, Kameraden. Der Krieg ist doch bald vorbei, und die Menschen werden zurückkehren. Wir müssen hier doch weiter zusammen leben, wir und die Abchasen! Bitte, tut das nicht!

– Verpiss dich, Bulle, deine Ratschläge haben uns gerade noch gefehlt. Hau ab, sonst erschieß ich dich! – schnauzt ihn ein Soldat an, während er mit seinem Maschinengewehr herumspielt. Auch seine Kameraden bedrängen den Jungen.

Anschließend fährt der Willis seines Weges. Der sichtlich geknickte Junge steht noch einige Augenblicke wie angewurzelt da. Danach geht auch er seines Weges.

***

Das Schlimmste, was der Krieg anrichtete, war die Vernichtung der heilen Welt für die Kinder. Er zerstörte auf grausame Weise ihre Welt der Märchen und der Bilder, die ihnen Walt Disney zeigte. Er zerriss, entstellte, zerteilte, vernichtete und verbrannte restlos alles, bis nur noch Asche blieb. Ich sehe die vom Krieg gezeichneten Kinder vor mir sie sehen noch aus wie Kinder, sind es aber längst nicht mehr. Es braucht viel Zeit, um das Ausmaß ihrer seelischen Verletzungen zu erkennen. Der Sohn eines Bekannten (an seinen Vornamen erinnere ich mich nicht mehr; mit Nachnamen hießen sie Gabunia) bat seinen Vater einmal darum, ihm ein Bild mit feindlichen Bombern zu malen. Der erstaunte Vater kam dem Wunsch nach. Danach bat ihn der Sohn, er möge das Bild um einen georgischen Jagdflieger ergänzen, was der Vater ebenfalls tat. Der Junge nahm sich einen roten Stift und zeichnete damit eine Linie, die von dem georgischen Jagdflieger ausging. Sie brachte dem feindlichen Bomber Feuer und Flamme, entzündete seine Flügel und seine Triebwerke. Der Bomber stürzte rasend dem Boden entgegen, schlug auf und explodierte mit einem fürchterlichen Knall. Der Pilot konnte seinen Schleudersitz nicht mehr rechtzeitig betätigen und verbrannte in der Flammenhölle. Mit leuchtenden Augen schaute der Junge seinen Vater an – er hatte den „Feind" besiegt! Ja, der Junge hatte einen Bomber abgeschossen, doch über seinen Heldenmut informierte im Pressezentrum des Verteidigungsministeriums niemand. Was war schon geschehen? Der Junge hatte ja seine Pflicht getan …

Das Bemerkenswerteste an diesem Vorfall ist, dass der Junge später tatsächlich in den Krieg zog, aus vollem Herzen und ganzer Seele. Das war nun kein Computerspiel mehr. Hass und Rachlust hatten sich in ihm eingenistet. Der Junge ist jetzt ein Flüchtling und lebt in Tiflis. Vor kurzem erfuhr er, dass im Tifliser Zoo ein Bär geschlachtet wurde, um ihn an andere hungrige Tiere zu verfüttern. Der Junge war verblüfft: der Krieg ging also doch noch weiter …

***

… Blindgeschosse schwirren in Suchumi umher, eine unbekannte Gefahr für die Stadt. Sie sind wie ein unsichtbares, giftiges und todbringendes Insekt, ohne Verstand und ohne Verantwortung. Diese Blindgeschosse spalten einen selbst erblindeten Himmel, treffen bereits vom Krieg gezeichnete Häuser, Bäume, Menschen … Du, lieber Raul Shwania, wurdest zu Sylvester von einer Kugel getroffen, die ein betrunkener Soldat abgefeuert hatte. Mit dem Zug wolltest du deine Kinder, ein Mädchen und einen Jungen, nach Suchumi bringen, und zu deinem Unglück hatte der Zug Verspätung … Als er schließlich doch in Suchumi einfuhr, entlang der wunderschönen Küste, konntest du für einen kurzen Augenblick noch einmal deine Heimat genießen – um dich dann gleich wieder von ihr zu verabschieden. 1993 war dein kürzestes Jahr. Nur einige Sekunden hat es für dich gedauert. Der Tod ereilte dich aus der Datscha heraus, in der gewöhnlich der Ministerrat seine Ferien verbrachte, heute jedoch volltrunkene Offiziere und Soldaten eine Neujahrsschießerei veranstalteten, die die Einnahme Berlins in den Schatten stellte. Eine der Abertausenden Patronen war für dich bestimmt, ganz neu und glänzend, der Norm entsprechend hergestellt und geprüft … Vor meinem inneren Auge sehe ich, wie der Tod die Patrone in den Lauf einführt, den Finger auf den Abzug legt und darauf wartet, dass die Uhr zwölf schlägt; er wartet, bis es zwölf schlägt, und er wartet auf deinen Zug. Aus dem Zug blickst du deiner Heimatstadt entgegen. Du stehst zwischen deinen beiden Kindern, wie in einem klassischen Gemälde, von deinen Kindern umgeben. So sah man dich im Zugfenster, vom gleißenden Licht des Waggons beleuchtet. Das Geschoss traf dich genau um zwölf, mitten in die Stirn. Deine Tochter beruhigt die anderen, danach sich selbst: „Papa ist eines schnellen Todes gestorben, er hat nichts gespürt." So ist es tatsächlich. Du hast es nicht einmal bemerkt, wie du aus dem Leben gerissen wurdest.

Deine gute Seele schaut nun vom Himmel auf alles herab, auch auf jenen Soldaten schaut sie barmherzig herab, der dich ermordete. Ich weiß, auch mit ihm hast du Mitleid, und du verzeihst ihm – er hatte es sicher nicht gewollt. Es ist doch nicht seine Schuld. Ich aber kann ihm nicht verzeihen. Weder dem Soldaten noch seinem Vorgesetzten noch ihren höheren Vorgesetzten. Weder dem Feind noch dem Freund. Weder mir selbst noch sonst jemandem.

Du, Roland Dschgeneraia, standest gerade auf dem Balkon, als dich das Geschoss eines Soldaten traf. Drei Kugeln versenkte dieser gottlose Bastard in deiner Brust. Mit den drei Kugeln haben dich auch sein Vorgesetzter und alle höheren Vorgesetzten getroffen. Auch ich und jedermann.

Und du, Jakob Dschischkariani, wurdest von einem Plünderer in Uniform erschossen, als du zur Arbeit gingst, direkt vor deiner Haustür, auf der Straße stehend. So hat das Schicksal das einsame Leben eines psychisch Kranken beendet. So war es offenbar vom Schicksal für dich bestimmt, Jakob!

Ein Junge löste versehentlich einen Schuss aus, als er mit einem Gewehr hantierte, und erschoss seinen eigenen Bruder; ein Freund erschoss seinen Freund. Ein anderer stützte sich mit dem Kinn auf sein Gewehr und ... Drei Jungen hantierten mit einer Handgranate, bis sie explodierte. Vier Soldaten ereilte dasselbe Schicksal mit einer Panzerabwehrgranate. Neun weitere wurden das Opfer einer Tretmine ... Selbst ein erfahrener Jäger löst mit seinem Gewehr ab und zu unbeabsichtigt einen Schuss aus. Der Krieg ist voll von tragischen Ereignissen, aber müssen es so viele sein? Manche wussten nicht einmal, wie die Waffen, die sie hielten, funktionierten. Sie wussten weder, wie man sie zerlegt und wieder zusammensetzt, noch wussten sie, wie man sie wartet und reinigt. Niemand hatte es ihnen beigebracht. Die Armee war in völlige Unordnung geraten, wie Rubiks Zauberwürfel – der eine Teil war hier, der andere Teil dort, und nur Gott wusste, wo der Rest war.

Ich bin stolz auf meinen Vater, Nikolos Odischaria. Er war ein Offizier, ein echter Offizier. Er hatte einen Freund namens Nikolai Kalaschnikow, ebenfalls ein Offizier, stets gut gelaunt und lächelnd. Als ich noch ein Kind war, strahlte er mich einmal stolz an: „Die ‚Kalaschnikow‘ habe ich erfunden!" Ich habe ihm den Schwindel lange Zeit geglaubt. Einmal erzählte er mir, wie er im Zweiten Weltkrieg an der Front durch einen Sprung in einen Bombenkrater Deckung suchte und sich Hals über Kopf in Jauche schwimmend wiederfand. – Beinahe wäre ich darin erstickt – erklärte er mir. – Mir wurde speiübel darin! – Wenn ich heute das Wort „Kalaschnikow" höre, muss ich an Nikolai Kalaschnikow, den Bombenkrater und die Jauche denken. Vermutlich gibt es auf der Welt 100 Millionen „Kalaschnikows"... Wer weiß, vielleicht sind es sogar noch viel mehr.

***

Der Krieg öffnete die Türen der psychiatrischen Einrichtungen und trieb die Kranken hinaus. Diejenigen, die eine Familie hatten, gingen nach Hause, die Alleingelassenen verteilten sich auf die umherliegenden Städte und Dörfer.

Der Krieg ergänzt seine facettenreiche Erscheinung um eine weitere farbenprächtige Attraktion und glänzt in all seiner bunten, zerstörerischen Pracht ...

„Maradona", so nannten wir ihn, gehörte zum Kolorit Suchumis. Er war einer der Patienten; ein Verrückter, wie man ihn auf der Straße sieht. Er tut niemandem etwas, albert mit Jung und Alt herum und pflegt auch mit den streunenden Hunden Freundschaft. Der halbnackte, langhaarige Maradona mag irgendwie tatsächlich an einen Fußballer erinnern, aber so wie der richtige Maradona ist er dann doch nicht. Woher sein Name stammt, bleibt offen – hat er sich selbst so genannt? Oder jemand anders? Seinen wahren Namen kennt niemand, geschweige denn seine Herkunft.

Tamas Tschotschia und ich stehen vor der Sechsten Mittelschule (die Schulen tragen bei uns keine Namen, sondern Nummern) und warten auf den Bus, als uns mitten auf dem Weg ein Mann auffällt, der wie ein römischer Legionär gekleidet ist. Er trägt Sandalen, eine Rüstung und sogar das dazugehörige Schwert. Er kommt näher und strahlt dabei vor Glück, wie eine Christbaumkugel. Plötzlich erkennen wir ihn – es ist Maradona! Während des Krieges wurden auch die Theater geplündert. Nichts blieb verschont. Maradona wird wohl seinerseits ein Theater aufgesucht haben. Er hat sich sorgfältig seine Rüstung zusammengestellt und stapft nun überglücklich und feierlich darin umher. Neben der Schule ist eine Datscha, in der sich ein Stab von Militärs aufhält. Maradona ist unterwegs dorthin, zu den Kriegern. Er will sich zeigen, wie er ist. Wie ein Triumphator schreitet der in einen römischen Legionär verwandelte Maradona durch das Tor in den Hof hinein.

– Maradona, hey! – hört man die begeisterten Soldaten rufen.

Jemand entleert das Magazin seines Sturmgewehrs in die Luft, und Maradona sucht, zu Tode erschreckt, wieder das Weite.

– Du bist verrückt! Was machst du da? – schreit jemand den Schützen an.

Unter den Soldaten bricht lautes Gelächter aus. Maradona nimmt einen neuen Anlauf und schreitet noch einmal lächelnd auf den Stab zu. Diesmal schießen gleich drei Soldaten in die Luft. Ein zweites und letztes Mal flieht der „Römer" aus dem Hof und geht brummelnd seines Weges.

– Verrückte, Idioten! – murmelt er.

Recht hat er, der Maradona. Unter zwei Verrückten ist derjenige wirklich verrückt, der aus Lust und Laune heraus um sich schießt und das als Scherz versteht. Das ist eine weitere Lektion, die der Krieg für dich hat, mein lieber Maradona. Im Wahnsinn des Krieges ist kein Platz für gewöhnliche Verrückte.

Ich weiß nicht, ob Maradona noch lebt, ob er den Krieg überlebt hat. Wenn er noch am Leben ist, findet man ihn sicher in Suchumi. Er ist untrennbar mit der Stadt verbunden. Wahrscheinlich haben die abchasischen Kräfte ihn zusammen mit Suchumi eingenommen. Ich hoffe sehr, dass er noch am Leben ist!

***

Während des Krieges starb der Maler Waleri Arkania. Er hielt es einfach nicht mehr aus. Waleri hatte stets ein zartes Herz gehabt. Nachdem ihm das Leben den einen oder anderen Schicksalsschlag verabreicht hatte, verfiel er in tiefe Depressionen und wurde unberechenbar, ähnlich wie van Gogh. Der Krieg gab seiner zarten Seele den Rest. Medikamente konnten ihm auch nicht helfen. Mir ist aus Suchumi kein talentierterer Maler bekannt. Er hatte außergewöhnlich klare Linien und konnte das Meer auf atemberaubende Weise bildlich darstellen. Auf seinen Leinwänden gleißt das Meereslicht in allen Farben, sogar im Hintergrund von Damenporträts. Selbst in Bildern, auf denen das Meer nicht zu sehen ist, erkennt man seine unverwechselbare Art. Ich sitze in seinem Zimmer, neben seinem Sarg. Seine Familie nimmt Abschied von ihm, ich höre das Weinen seiner Schwester. Im Nachbarzimmer ist das Wimmern seiner im Sterben liegenden Mutter zu hören. Seine Bilder hängen an den Wänden rund herum, und all die Damen, Kinder, Welpen, Bäume, Fischer, Straßen, Häuser, Boote, Schiffe und Fische schauen auf mich herab. Auf Waleris Bildern herrscht in Suchumi himmlischer Frieden. Jenseits der Fenster tobt der Krieg. Auf seinen Bildern ist Suchumi vielfältig und bunt, die Stadt, die zur selben Zeit nichts als Tristesse kennt. Und die Frauen, die auf seinen Bildern lächeln, sind in Wirklichkeit der Trauer verfallen. Im Gegensatz zu Waleris Bildern herrscht im echten Suchumi Krieg.

… Ich sitze neben seinem Leichnam und flüstere ihm zu: Wie gerne ich doch in deinem Suchumi wäre, Waleri! In der Stadt, die blühte, in ihren schönsten Zeiten. O wie sehr ich mir wünschte, es wäre noch einmal 1992, vor dem August. All die Geschosse würden wieder in den Gewehrläufen verschwinden, auch die Panzer mit ihren Geschützen, die Hubschrauber und die Kampfflieger. Auf den Gesichtern würde wieder ein Lächeln zu sehen sein. Die von Bombenkratern übersäten Felder würden wieder in saftigem Grün erwachen, die zerstörten Gebäude wieder bewohnt sein. Das dem Erdboden gleichgemachte, wunderschöne Hotel Ritza würde wieder Gäste empfangen, wie auch die Theater … Die in Asche verwandelten Palmen und Magnolien würden wieder ergrünen … Ich wollte, ich könnte vor dem vom Krieg gebeutelten Suchumi ins Meer eintauchen, um in dem alten Suchumi wieder aufzutauchen. Ich stelle mir vor, wie ich mich an das Fenster eines Kaffeehauses setze und einen Kaffee trinke, genüsslich eine Zigarette rauche, mich mit befreundeten Dichtern unterhalte, mich mit Raul Shvania treffe, der eine Flasche Champagner auf den Plastiktisch stellt. Vor seinem Tod hat er mich immer wieder auf ein Glas Champagner eingeladen. Ich hatte damals öfter keine Zeit für ihn – nun hätte ich sie. Ich habe sehr viel Zeit jetzt …

Der Krieg hat unser Suchumi, das Suchumi von Waleri, das Viertel, in dem er lebte, sein Haus und seine Wohnung überschwemmt. Er hat Waleri und seinesgleichen weit fort geschafft, und es hätte auch nicht anders kommen können: Der Krieg und der Maler konnten nicht zusammen existieren. Waleri und der Krieg hätten sich niemals die Stadt teilen können. Der Krieg hat gesiegt. Im Nu hat er Waleri verdrängt und seine Stelle eingenommen …

***

Früher einmal habe ich euch, ihr wunderschönen Küstenstädte Adelaide und Freetown, Alexandria und Nizza, Rimini und Madras, Danzig und Shiogama, Los Angeles, Aberdeen und La Guaira, immer wieder in einem meiner Gedichte geschrieben, dass in Suchumi alles in Ordnung ist, dass die Blumen blühen und die Menschen voller Lebensfreude sind. Ich sandte euch meine Grüße über Meere und Flüsse, Wiesen und Berge, Wolken und Gewitter, doch das war eben früher einmal. Heute schicke ich euch einen Bericht über die aktuelle Lage in Suchumi. Ich bin mir sicher, ihr werdet es nicht wieder erkennen. Es ist so: Auch im Krieg bricht der Winter mit grausamer Kälte, Frost und Schnee über die Stadt. Strom kommt nicht mehr in Suchumi an. Abchasische Söldner sabotieren und sprengen regelmäßig wichtige Knotenpunkte der Stromversorgung im Kreis Otschamtschiri, und die georgische Armee kann nichts dagegen tun. Als Folge davon sterben regelmäßig Menschen – sie erfrieren einfach. In einem Haus nahe der Roten Brücke fand man einen alten Mann. Er hatte die Hände auf die Brust gelegt und sich selbst die letzte Ehre erwiesen, bevor er erfror. Während des gesamten Krieges hatten Suchumi und Gulripschi insgesamt keine drei Monate lang Strom. Wenn die Menschen den Lichtschalter umlegen und tatsächlich das Licht angeht, kommt unvergleichliche Freude auf. Sofort werden die Fernseher und die Elektroherde eingeschaltet. Brot wird nur noch selten gebacken, und wenn, dann nur wenig. Die Menschen stehen Schlange für Mehl, das per Schiff aus den USA und Italien als Hilfsgut angeliefert wird. Besonders schwer haben es diejenigen, die in Mehrfamilienhäusern leben. Im Treppenhaus basteln sie sich aus Ziegelsteinen einen behelfsmäßigen Ofen zum Backen. Hier kochen sie ihren Tee, und wenn Essen vorhanden ist, kochen sie es ebenfalls hier. Die Gasleitungen sind genauso leer wie schon vor dem Krieg, Brot und Tee (oft ohne Zucker) sowie dann und wann etwas aus der Konservendose sind das tägliche Menü der hier lebenden Menschen. Noch vor dem Beginn des Winters hat die Bevölkerung alle Bäume in den Höfen gefällt und alles Geäst am Strand aufgesammelt. Mit Äxten und Sägen bewaffnet fallen sie über die durch Bomben umgerissenen Bäume her, wie ein Fischschwarm über einen Walkadaver. Sie holzen unbewachte Waldstücke ab, fällen die Bäume in den Parks und verwerten jedes Baugerüst, das sie in der Stadt finden. Auch Möbel aus Holz und Kisten für Früchte werden in den Höfen verwertet. Der feurige Atem des Kriegs allein vermag es nicht, Suchumi warm zu halten.

Einmal sah man eine wunderschöne Frauengestalt kommen, die einen großen Ast hinter sich her zog und dabei lächelte – wie schade, dass Waleri diesen zauberhaften Anblick nicht mehr in seinen Bildern festhalten konnte. Die ganze Stadt folgte ihr, als wenn es Marilyn Monroe gewesen wäre, die uns einen Besuch abstattete und mit ihrer magischen Ausstrahlung die jungen Männer verzauberte. Mit ihrem Lächeln hellte sie für einen Moment die ganze trostlose Stadt auf, ein wahrer Ausnahmezustand! Auf einmal war alles wieder wunderschön … In solchen Momenten verliert sogar der Krieg seine Macht.

Auf der Eisenbahntrasse sind einige mit Panzerfäusten bewaffnete Soldaten unterwegs, die einer Einheit namens „Kobra" angehören. Sie halten an, schießen und setzen ihren Weg fort. Mal kämpfen sie sich vor, mal müssen sie zurückweichen. Auch in den Tunneln tobt die Schlacht. Das Geräusch dieser Waffen ähnelt dem einer Bombenexplosion, und die traumatisierte Bevölkerung flieht vor Angst in die Keller.

Und dort geht es zu wie in jedem Bunker: Angst und Hoffnung liegen nah beieinander. Georgier, Russen, Abchasier, Armenier und Griechen, alle suchen zusammen Schutz … Gemeinsam verfluchen sie den Krieg. In den Kellern der Stadt herrscht Brüderlichkeit und Anteilnahme.

Schukura wird unter Beschuss genommen, und prompt erhebt sich ein Gegenfeuer aus Kelasuri … Kelasuri wird unter Beschuss genommen, und das Gegenfeuer kommt aus Abdschaqwa … Abdschaqwa wird unter Beschuss genommen, und so weiter … Das Schauspiel der Artillerie ist blutgetränkt. Es gibt keinen Strom, Fernseher und Radios funktionieren nicht, aber der Krieg ist im vollem Gange! Also schauen und hören wir dem Krieg zu!

… Ein Transportschiff in Hafennähe wird von Escheri aus unter Beschuss genommen. Rund um das Schiff explodieren mehrere Granaten gleichzeitig. Mein Nachbar Guram Dschanaschia und ich beobachten das Geschehen aus der Ferne. Das Feuer und der Rauch haben sich in mein Gedächtnis eingebrannt. Das Schiff ändert hart seinen Kurs, macht sich auf den Rückweg und nimmt Fahrt auf, gefolgt von Feuer und Rauch. Es ist kein Kriegsschiff, sondern lediglich ein kleines Transportschiff, das zwischen die Fronten geraten ist.

… Nachts lese ich bei schummrigem Kerzenlicht Defoes *Robinson Crusoe*. Das mache ich seit meiner Kindheit so – immer wenn ich krank war oder es mir schlecht ging, las ich dieses Buch. Es hilft mir und beruhigt mich. Die Kerzen sind schnell aufgebraucht, und Petroleum haben wir auch keines. Elektrisches Licht gibt es nur selten, also sitzen wir meist im Dunkeln. Wir gehen in Kleidern zu Bett, für den Fall, dass wir nachts bombardiert werden. Die Schuhe stellen wir so hin, dass wir sie schnell greifen können. Manchmal hängt das Leben von Sekunden ab.

Die seit dem März 1993 andauernden Gefechte werden immer schlimmer. Nachts verwandelt sich das Panorama der Stadt in ein schreckliches Bild: Immer wieder sieht man Blitze von Explosionen und hört das Donnern der Geschütze. Von meiner Wohnung aus habe ich eine gute Aussicht auf Gumista. Dort treffen die beiden Parteien aufeinander, und es tobt ein unbarmherziger Krieg. Leuchtspurgeschosse durchschneiden die Nacht. Wie ein goldener Schweif breiten sich die zur Gefechtsfeldbeleuchtung dienenden, mittels Steilfeuer abgeschossenen „Schilka"-Raketen über der Stadt aus. Mit ohrenbetäubendem Lärm fliegen die „Grad"-Granaten umher. Viele kleine Punkte leuchten am Himmel auf, Donner liegt in der Luft. Manchmal wird die Stadt auch von See aus unter Beschuss genommen, meist während der Nacht. In der Dunkelheit sieht man die Kriegsschiffe nicht. Ein Aufleuchten auf dem Meer bedeutet, dass eines der Schiffe gefeuert hat. Dieses wird umgehend mit Leuchtraketen beschossen. Die Angst vor einer feindlichen Anlandung am Strand ist groß. Manchmal verschießen auch Hubschrauber Leuchtgranaten. Dann wird es so hell, dass man sogar bei Nacht ohne Probleme Zeitung lesen könnte … Ich beobachte all das und habe das Gefühl, dass das ganze Schauspiel einzig und allein für mich stattfindet – eine Tragödie, exotisch und grandios in ihrer Aufführung.

Eine Nacht im Dezember 1992 hat sich besonders stark in mein Gedächtnis eingebrannt. Es ist zwischen 10 und 11 Uhr, und vor dem Feldlazarett der russischen Streitkräfte brennt ein zweistöckiges, Holzhaus (ein Ölofen ist explodiert). Ein Teil der in Dunkelheit liegenden Stadt wird erleuchtet. Es ist frostig-kalt. Daneben steht ein 14-stöckiges Gebäude, und von Weitem sieht es so aus, als ob dieses brennen würde. Licht- und Schattenspiele wechseln sich ab. Die Gefechte um Gumista herum sind in vollem Gange. Ich sehe die Explosionen aus der Ferne. Der Wind trägt den Geschützdonner bis zu mir. Über der Stadt kreist ein Flieger. Man kann ihn nicht sehen, lediglich das Heulen der Motoren ist zu hören. Immer wieder verschießt er Raketen in Richtung des Viertels Schukura. Während des Abschusses leuchtet es jedesmal weiß auf. Man hat den Eindruck, die Wut der Götter sei zu spüren. Luftabwehrgeschütze nehmen den Flieger unter Beschuss, ohne ihn zu treffen. Aus der Wohnung im neunten Stock des Hauses gegenüber ist das Klirren von zerbrochenem Geschirr zu hören. Plünderer … He, ihr da! – schreie ich hinüber, – wer seid ihr? Was wollt ihr da? Weg mit euch!

Plötzlich hört das Klirren auf, für einen kurzen Augenblick ist eine uniformierte Gestalt am Fenster zu erkennen, die mich erst mustert und sich dann versteckt. Ein Lichtschein über dem Dorf Schroma – auch dort wird gekämpft. Leuchtgranaten, die von der Tschanba-Straße aus verschossen werden, erhellen den Nachthimmel. Das Meer ist unruhig, schnauft und schließt sich dem Lärm an. In Gumista und Schroma tobt eine Schlacht, ein Kampfflugzeug bombardiert Schukura, wird selbst unter Beschuss genommen, das Meer rauscht, ein zweistöckiges Haus brennt, die Plünderer treiben ihr Unwesen … In dieser kalten Dezembernacht schaue ich all dem mehrere Stunden lang zu.

Im Juli 1993 wird über Suchumi eine SU-25 von einer Rakete getroffen. Aus der Luft gerissen rast das Kampfflugzeug mit der Nase voran auf den Erdboden zu und kreist dabei um seine eigene Achse. Der Pilot kann sich rechtzeitig retten. Anfangs dachten wir, das Flugzeug würde in der Stadt abstürzen, doch bald erkennen wir, dass es im Meer versinken wird. Eine oder zwei Minuten vergehen, und das Flugzeug schlägt mit der Nase voran im Meer ein. Es ist keine Explosion zu sehen. Einige Minuten später taucht der mit einem gelbroten Fallschirm bestückte Pilot ins Meer ein, ungefähr einen bis anderthalb Kilometer vom Strand entfernt … Ein paar Schnellboote fahren zur seiner Rettung aufs Meer hinaus. Die Menschen fragen sich, auf welcher Seite das Flugzeug eingesetzt war. Später erfahren wir dass es eine georgische SU-25 war und auch der Pilot ein Georgier ist. Im selben Jahr, im September, wurde ich ein weiteres Mal Zeuge, wie ein Flugzeug abgeschossen wurde. Zwei georgische Kampfflugzeuge greifen tieffliegend die abchasischen Stellungen an. Eines von ihnen wird von einer Rakete aus Escheri getroffen und explodiert in der Luft in viele kleine Einzelteile. Der Pilot kommt um.

Die Flugzeuge der abchasischen Seite bombardieren die Tschanba-Straße, den Hauptbahnhof und Kelasuri … Vor dem Krieg war ich immer begeistert von der Leichtigkeit, mit der die Kampfflugzeuge durch die Luft manövrieren. Der Krieg brachte mir bei, diese von Menschenhand geschaffenen, todbringenden Ungeheuer zu hassen. Durch den Krieg haben wir Abscheu gegenüber vielen Dingen entwickelt, sehr vielen Dingen … Er brachte uns allerdings auch Vieles bei, vor allem, die Vergangenheit mit anderen Augen zu sehen …

Wir lauschen einem an eine Autobatterie angeschlossenen Transistorradio. Der Ton ist leise und schwach. Man versteht die Übertragung aus Tiflis kaum. Die dreisprachigen Sendungen aus Gudauti (auf abchasisch, georgisch und russisch) sind hingegen gut zu verstehen. Wir rauchen „Astra"- und „Prima"-Zigaretten (falls wir denn welche auftreiben können) und manchmal auch in Zeitungspapier gewickelten Tabak (den kann man leichter finden). Wein und Schnaps sind selten (insbesondere Wein). Nur die Soldaten scheinen einen Riecher dafür zu haben, wo man leicht welchen auftreiben kann.

Hier und da gibt es auch friedliche Tage. Da ruht und rastet der Krieg, sammelt neue Kräfte. Wir lauschen dieser ungewöhnlichen Stille, belastet mit der Erwartung von Gefahr, mit den Nerven am Ende, aufgewühlt und aufgeregt.

Denen auf der anderen Seite vom Gumista geht es nicht anders.

Es gibt nicht genug Bestatter in der Stadt und nicht genug Holz für die Särge. Die Toten werden behelfsmäßig in Munitions- und Waffenkisten begraben. Sehr geehrte humanitäre Hilfe Leistende, senden sie uns neben Mehl doch bitte auch den einen oder anderen menschenwürdigen Sarg nach Abchasien!

***

Der Krieg dauerte mehr als dreizehn Monate. Zweimal machte er sich den Sommer und den Herbst untertan, den Winter und den Frühling rührte er nur einmal an. Der einzige Frühling im Krieg war wunderschön und voller Wärme. Die Natur zahlte es dem Krieg heim. Die Kirschbäume glänzten in voller Pracht, ebenso wie Palmen, Orangen- und Zitronenbäume. Die Blumen blühten in wunderschönem Farbenspiel. Die Natur überzog die Stadt mit paradiesischen Sommerdüften, doch darunter lauerte immer noch der Krieg. Wie ein Dämon kroch er wieder hervor, brachte Feuer und Verwüstung mit sich und hinterließ nur Asche …

… Nur selten traf man Fußgänger auf der Straße. Manchmal bot sich einem der seltsame Anblick eines Soldaten, der über die eine Schulter sein Gewehr geschlungen hatte und auf der anderen Schulter einen Affen trug. Dies war jedoch nur am Anfang des Krieges der Fall, als die Soldaten die Affen wie Trophäen aus dem Zoo mitnahmen. Der Anblick dieser Soldaten erinnert mich an die phantasmagorischen Gemälde von Lado Gudiaschwili.

Ab und zu bringen die Einwohner ihre Familien zu Verwandten in andere Dörfer und Städte, doch nach kurzer Zeit schon kehren sie zu ihren Wurzeln zurück. Die Menschen haben es schwer in diesem Land, das Leben wird immer komplizierter, Brot und Zucker werden immer teurer, ebenso wie Fleisch, Salz, Seife und Streichhölzer. Es ist Krieg! Die Einwohner Suchumis bleiben trotzdem lieber hier, mit Tee ohne Zucker. Vor allem diejenigen, die hier geboren wurden, die alle ihre Verwandten und Freunde hier haben und deren Vorfahren auf Suchumis Friedhöfen liegen. Wo sollen sie denn auch sonst hin? Sie haben ihre besten Jahre hier verbracht, und so werden sie auch die schlimmsten hier verbringen.

Der Krieg hinterlässt überall seine Spuren. Vielen brach er das Herz, und viele brachte er über das Verhalten anderer zum Staunen. Manch einem gönnte er aber auch die Begegnung mit guten Menschen, und manchem bereicherte er das Leben durch neue Freundschaften. Die Not stellte viele auf die Probe.

Die Reichen haben ihre Familien in andere Länder, in andere Städte gebracht und ihnen dort neue Wohnungen und Häuser gekauft. Später gesellten sie sich selbst dazu. Dem Krieg fallen hauptsächlich die einfachen, besitzlosen Leute zum Opfer. Ich war selbst immer wieder Zeuge dieses ungeschriebenen Gesetzes: immer wieder waren es gerade die guten und ehrenhaften Menschen, die dem Krieg zum Opfer fielen. Sonst wäre der Krieg ja auch kein Krieg! Ich habe erfahren, dass auch auf der abchasischen Seite die Reichen ihre Familien fortschafften. Im Gegensatz zu den Georgiern verschwendeten sie ihr Geld jedoch nicht bei Frauenbesuchen und in teuren Restaurants, sondern investierten es unmittelbar in den Krieg – so hatte alles seine Richtigkeit, und das Geld verschwand nicht in irgend jemandes Tasche.

Seit mehr als einem Jahr herrschte Krieg, ein ultramoderner Krieg. Die Geschützrohre wurden nie kalt, und die Haubitzen hörten nie auf zu donnern. Trotzdem hatten die Einwohner Suchumis die Hoffnung nicht aufgegeben, dass der Krieg bald enden würde. Die Jagdbomber warfen ihre Bomben ab, und die Piloten hofften jedesmal, dass es das letzte Bombardement gewesen wäre. Sie glaubten, dass sie Suchumi so sicher gemacht hätten, dass nicht einmal ein Vogel sich von außen in die Stadt hineinwagen würde. Sie waren überzeugt davon, und so verkündeten es auch der Präsident und der Verteidigungsminister (der der abchasischen Seite sogar 24 Stunden gönnte, um die Waffen nieder zu legen). Ja, viele dachten so … Und die Einwohner schliefen friedlich in ihren stromlosen und kalten Wohnungen ein, in voller Kleidung im Bett liegend und von besseren Zeiten träumend. Und während sie schliefen, wütete drei bis vier Kilometer Luftlinie entfernt, in Gumista und Schroma, Kamani und Odischi, eine erbitterte Schlacht um Leben und Tod.

In Suchumi und Umgebung verrichteten eben jene Waffen ihr Werk, die sich zuvor schon in Afghanistan als Botschafter des Todes erwiesen hatten (ich will sie an dieser Stelle nicht aufzählen). Zusätzlich waren dann noch Kriegsschiffe und Schnellboote im Einsatz (die hatte es damals in Afghanistan natürlich nicht gegeben). Die Artilleriegeschütze waren vielfach auf leere Waggons montiert … Und noch eines: Im Gegensatz zu Afghanistan gab es hier keine Wüsten. Die Küste mit ihrem strahlend blauen Meer, das subtropische Klima, die damit verbundene Artenvielfalt von Flora und Fauna sowie die dicht besiedelten Landstriche störten die militärischen Operationen in vielerlei Hinsicht. Doch alles das führte nur dazu, dass der Krieg sein Geschäft umso wirkungsvoller ausübte, mit Brand und Zerstörung, Plünderei und Mord.

Das Durchhaltevermögen der Einwohner wurde allseits gelobt. Im September, wenige Tage vor dem Fall Suchumis, holte man noch Menschen vom Flughafen zurück, indem man ihnen versprach, dass die Friedenstruppen der Russen bald da sein und für Ruhe sorgen würden. Die Menschen glaubten es, doch wer die russischen Kräfte herholen sollte, wusste keiner. Viele Menschenleben wurden so geopfert. Suchumi fiel, und niemand sorgte für die Evakuierung der Zivilbevölkerung. Es kam einfach niemandem in den Sinn. Und Schritt für Schritt rückte der 27. September näher ... Plötzlich zieht die Georgische Armee ohne jede Vorwarnung aus der Stadt ab, sie weiß sich nur noch durch Flucht zu helfen. Soldaten, deren heiligste Aufgabe es sein sollte, die Zivilbevölkerung zu schützen, rennen als erste davon! Eine gut ausgerüstete Armee, dem Gegner zahlenmäßig weit überlegen! ... Dann folgt der Flüchtlingstreck über die Straße von Golgotha (den „Pass der Flüchtlinge"), in dem sich die Bewohner von Gulripschi mit denen Suchumis zusammenfinden. Der Rest bleibt in der Heimat und wartet ...

Diejenigen, die ganz genau wussten, was nach dem Fall von Suchumi passieren würde, haben die Stadt einfach im Stich gelassen, ohne die Bevölkerung zu evakuieren, und wussten nur sich selbst zu helfen!

Mit ungläubigem Staunen versuchten die Menschen noch, das Militär aufzuhalten. Die Stabsoffiziere waren gegen den Einzug der russischen Friedenstruppen, sie behaupteten einfach, man würde sie nicht brauchen. Und so überließen sie Frauen und Kinder, Alte und Schwache ihrem Schicksal, Menschen, die schon vorher viele ihrer Verwandten und Freunde verloren hatten in diesem unmenschlichen Krieg, den einige unserer selbsternannten „Politiker" als eine lokale Auseinandersetzung, teilweise sogar als einen Bandenkrieg bezeichneten. Die Zurückgebliebenen wurden so der Willkür der feindlichen Kräfte ausgesetzt. Würden sie ihre Wut an Zivilisten auslassen, mit Tod und Verstümmelung? Vielleicht würden sie sich ja doch wie „normale" Krieger verhalten und sich an die geschriebenen und ungeschriebenen Gesetze des Krieges halten, eines Krieges, in dem auch die Gefallenen des Feindes durch Salutschüsse für ihre Tapferkeit geehrt werden und man nicht ihre Leichen verstümmelt. Und die Zivilbevölkerung natürlich in Ruhe gelassen wird ... Die Sieger sollten für die Zurückgebliebenen Beschützer und Herren zugleich sein.

Die georgische Nationalität wurde für die in Gulripschi und Suchumi Verbliebenen Georgier stattdessen ein Fluch. Sie verdammen heute ihr Schicksal, als Georgier geboren worden zu sein. So fühlt sich eine wahre Niederlage an! Ihre winzige Hoffnung auf Überleben hing von den Siegern ab – Sieger, die niemals und nirgends zur Verantwortung gezogen wurden!

Ja, auch die klügsten Generäle und die größten Armeen haben Kriege verloren. Aber sie haben stets der eigenen Zivilbevölkerung Rückhalt geboten und sie unter ihrem Schutzmantel in Sicherheit gebracht. Bei all unserem Unglück und Missgeschick im Laufe der vergangenen Jahrhunderte haben wir im Labyrinth der Ereignisse anscheinend auch unsere Ehre und Treue verloren. Niemand behandelt die eigene Bevölkerung so, wie es unser „herzerfrischendes" Parlament, einige unserer Parteien und Politiker, der schwerfällige Ministerrat, manche aufgeblasenen Generäle und Feldherren unserer ach so tapferen Armee und unser schwacher Führer taten.

Der Großteil unserer Soldaten war sicher aufrichtig, verlässlich und ehrenhaft. Der Krieg wurde nicht von den einfachen, tapferen Soldaten und den aufopferungsvoll kämpfenden Unteroffizieren verloren. Nein, es waren einige wenige einflussreiche Führungspersonen, denen es an Professionalität mangelte, unwürdige und dilettantische Populisten. Und natürlich die Politiker hinter ihnen.

***

Es ist der 2. Oktober 1993, Mitternacht. Wir überqueren den Pass nach Swanetien. Wir sind bereits in der alpinen Zone. Dschemal Darzmelia und ich halten am Wegesrand bei einem Felsen an. Eine alte Frau liegt rücklings darauf und fleht um Hilfe. Wir können ihr nicht mehr helfen. Sie will weder Wasser noch Brot haben. Sie will bei ihren Kindern und Enkeln sein. Sie will zurück in ihre Heimat. Sie will wieder leben. Wir können sie nicht tragen. Mit lautem Grollen nähert sich ein „Ural", ein Geländefahrzeug mit drei Achsen, das bei Militäraktionen oft als Transporter eingesetzt wird. Mit Leichtigkeit erklimmt er den Berg. Die Fahrerkabine ist voll mit jungen Soldaten. – Haltet an! – schreien wir. Sie halten nicht an, sondern setzen ihren Weg mit starrem Blick nach vorne fort. Alle haben denselben Gesichtsausdruck. Keinen von ihnen hätte ich mir merken können, und das wissen sie. Als der „Ural" sich entfernt, sehe ich, dass sich kein Mensch auf seiner Ladefläche befindet. Als er die nächste scharfe Kurve nimmt, sehe ich es genauer: auf der Ladefläche ist ein Mercedes verzurrt. Sie müssen ihn wohl gut befestigt haben, denn sonst hätte sich das Auto schon längst verabschiedet …

Der „Ural" setzt seinen Weg fort, die alte Frau am Wegesrand stirbt in unseren Armen, und wir beide betrachten dieses Geschehen mit offenem Mund, als ob es in einem fremden Land, vielleicht sogar in einem Kinofilm stattfinden würde. In Sakeni verlangten die Fahrer dieser „Ural"-Fahrzeuge für den Transport ziviler PKWs eine Million russische Rubel. Interessenten fanden sie genug … Auf der Ladefläche eines „Ural" hätten gut und gern 30 bis 40 Menschen Platz finden können. 30 bis 40 Menschen, die man hätte retten können. Aber niemand setzt diesem Treiben ein Ende, und die Fahrer zu bedrohen, wagt auch niemand. Sofort würden aus der Fahrerkabine drei oder vier Sturmgewehre antworten. Niemand in Sicht, der den „Ural" anhielte, den Mercedes hinunterkippte und 30 bis 40 Frauen und Kinder auf der Ladefläche Platz nehmen ließe.

Eine Schande für Georgien: der Pass der Flüchtlinge, der Mercedes auf der Ladefläche des „Ural" und die sterbenden Menschen. Für mich ist das der Inbegriff unserer Niederlage.

Der Frieden nach dem Krieg ist ein eigener, neuer Krieg. Die einen behaupten, wir hätten den Krieg mit Russland verloren, die anderen behaupten, wir hätten gegen die Abchasen und andere Nordkaukasier verloren, und wiederum andere … Sprechen wir vielmehr darüber, wie Georgien und die Georgier sich in diesem Krieg selbst aufgaben und sich selbst besiegt haben. Ich bin weder Politiker, noch bin ich militärisch bewandert. Nur eines weiß ich: Georgien hätte diesen Krieg beenden müssen, bevor es zu spät war. Es hätte ihn gar nicht zustande kommen lassen dürfen! Es gab so viele Möglichkeiten, die Eskalation zu verhindern, aber Georgien ist es nicht gelungen. Die georgische Politik hat versagt und viel unschuldiges Blutvergießen verursacht. Die Zeit wird vergehen, und Spezialisten werden die Gründe für diesen Krieg herausfinden und analysieren. Worauf ich hinaus möchte, ist etwas anderes: Georgien hatte schon vor dem Krieg verloren. Die Niederlage in Abchasien bedeutete die Niederlage im ersten Krieg des unabhängigen Georgien, nicht mehr und nicht weniger. Wie einige andere Nationen auch fand sich Georgien von Anfang an in einem Krieg wieder, der es ewig begleiten wird. Ein Krieg mit sich selber. Ein Krieg zwischen Moral und Unmoral, Gut und Böse, Treue und Verrat, Liebe und Hass … Das Land wird diesem Krieg niemals entgehen können, er wird sein ewiger Begleiter bleiben. Es gab eine Zeit, da Georgien zusammenhielt und seine Kriege und Konflikte trotz widrigster Umstände gewann und überwand, das eine oder andere Mal auch auf friedlichem Wege, und sich dabei den Respekt und die Anerkennung seiner Nachbarn erwarb. Als Georgien diesen Krieg verlor, hat es sehr viel mehr als nur diesen Krieg verloren. Seitdem der Krieg in der Geburtsstunde des unabhängigen Georgiens verloren wurde, ist das Land dazu verdammt, immer wieder zu verlieren und sein Dasein als Besiegter zu fristen.

Ich möchte an dieser Stelle noch einmal unterstreichen, dass ich hier nicht von dem Krieg spreche, in dem Georgien von einem Feind von außen besiegt wurde – ich spreche vielmehr von dem Krieg, den Georgien im Inneren verloren hat.

Mit Panzern und Kampfflugzeugen lässt sich eine Eisenbahn nicht schützen. Unsere Politiker waren nicht in der Lage, die weitreichenden Folgen ihres Handelns abzuschätzen, und Zehntausende Menschen verloren ihr Leben. Hass und Rachegelüste schlugen tiefe Wurzeln in den Herzen der Menschen.

Eine große Zahl von Zivilisten auf georgischer Seite wurde während des Krieges mit unvorstellbarer Brutalität abgeschlachtet. Viele unschuldige, ehrliche und gutmütige Menschen wurden getötet, so wie es immer der Fall ist … So ist der Krieg, das ist seine Natur. Gott persönlich bestraft uns, indem er uns die Besten nimmt.

Wir haben uns schon vor dem Krieg in Abchasien selbst besiegt!

Wir haben uns selbst besiegt in dem Moment, als wir dem Hass freien Lauf ließen und sich dieser wie ein Gift in unserer Gesellschaft ausbreitete. Die nächsten Stufen der Eskalation waren unausweichlich. Unsere Freunde wurden zu unseren

Feinden, und unsere Feinde kämpften noch erbitterter gegen uns. Erst haben wir nur auf verbaler Ebene gemordet. Wir haben vergessen, dass jeder, der seinen Bruder hasst, bereits ein Mörder ist, wie in der heiligen Schrift geschrieben steht. Wir haben vergessen, dass eine sanftmütige Zunge selbst die giftigste Schlange zähmen kann, wie unser großer Dichter Rustaweli sagte. Selbst wir Rustaweli-Kenner haben es vergessen, auch die von uns, die an der Spitze der politischen Hierarchie standen.

Niemand ist unglückseliger als diejenigen, die voller Hass durch das Leben gehen. Die Hasserfüllten von heute sind zugleich diejenigen, die die Kriege von morgen heraufbeschwören. Wegbereiter des Krieges sind sie.

Hasserfüllten Worten folgen hasserfüllte Taten. Auf Herrn „Makarow" folgte Herr „Kalaschnikow". Alles entwickelte sich so wie in einem Horrorfilm. Georgien zerbrach, und die Quelle des Konflikts war das Herz Georgiens selbst. Der laienhafte rechte Haken, den wir schlugen, kam uns alsbald wieder entgegen. Die Waffen fanden ihren Weg in die Hände von Psychopathen. Hier, in Tiflis, haben wir den Krieg mit Abchasien verloren. Wir haben ihn verloren, als der erste Präsident des unabhängigen Georgien das Schießen nicht verstummen lassen wollte – hätte er doch so etwas gesagt wie „Um Himmels willen, nur kein Blutvergießen – liebt einander doch!" Georgien war nicht bereit, dem Beispiel de Gaulles zu folgen. Der Hass hatte gesiegt.

Als wenn Fremde das Drehbuch zu dem Geschehen geschrieben hätten, waren wir stets damit beschäftigt, zu erklären, dass die Eskalation nicht unsere Schuld sei und dass wir doch keinen anderen Ausweg gehabt hätten, als so zu handeln.

Wir haben uns selbst besiegt, als wir uns in Samegrelo wie Idioten verhielten, als wir Unschuldige verfolgten und abstraften. Wir haben unser eigenes Volk geplündert.

Die gescheiterte Regierung nahm keine Rücksicht auf die Menschen in dieser Region. Kleine, lokale Konflikte wurden mit Blutvergießen und gar kriegerischen Auseinandersetzungen auf höchster Eskalationsstufe beantwortet. Und all das wegen des Streits, zu welcher Region Skiptra und Kvertxi gehörten … Zügellos wurde altes und neues militärisches Gerät eingesetzt, und die Leidtragenden waren die Zivilisten, die zwischen die Fronten geraten waren. Ganz Georgien wurde abgestraft … Zwischen der Hauptstadt und der Peripherie herrschte eine geradezu babylonische Sprachverwirrung. Wir wurden besiegt von gegenseitigem Desinteresse, falsch verstandenem Unabhängigkeitsstreben, Unverständnis für die Lage des anderen und Verrat.

Obwohl Georgien im Laufe der Geschichte so viel Krieg und Elend hinter sich gebracht hat, haben wir nichts dazu gelernt. Unbarmherzigkeit und bedingungsloser gegenseitiger Hass haben einen festen Platz im Herzen und in der Seele dieser gottlosen Menschen. Über die Jahrhunderte hinweg hat nichts vermocht, diese Eigenschaften zu tilgen.

Uneinig und mit gespaltener Zunge haben wir in Abchasien gekämpft, und wir waren zur Niederlage verdammt. In einem Krieg, der von vornherein vermeidbar gewesen wäre und nie hätte stattfinden dürfen. Wir haben uns in das eigene Fleisch geschnitten und uns selbst hingerichtet.

Wir haben uns selbst bestraft, und alle anderen gleich mit uns. Wie oft haben wir denselben Fehler begangen und uns Hals über Kopf, voller Hass, in den Krieg gestürzt, Blut vergossen und dieselben Folgen ertragen müssen wie viele Male zuvor in der Vergangenheit. Mit einem Schlag haben wir im Keim erstickt, was mit vielen kleinen Schritten und viel Dialog zum Erfolg hätte führen können.

Erst fingen wir an, uns gegenseitig zu hassen, später ermordeten wir uns. Gott hat Kain, als er seinen Bruder ermordete, verflucht. Voller Verzweiflung wünschte sich der, von dem nächsten, der ihm über den Weg laufen würde, getötet zu werden. Doch Gott brandmarkte ihn. Er sollte ein langes Leben lang mit der Last seiner Tat weiterleben. Gott strafte ihn mit Leben. Für den Mord an dem eigenen Bruder gibt es keine Rechtfertigung und keine Verzeihung. Mit Brudermördern kann man nicht reden. Niemand sollte dieselbe Luft atmen wie sie.

So haben wir uns selbst besiegt!

Bei der Flucht über die Berge sind zahllose Menschen gestorben, junge und alte. Wir aber waren damit beschäftigt, unser Hab und Gut mit LKWs und Hubschraubern in Sicherheit zu bringen. Geplündert und ausgeraubt wurden selbst diejenigen, die kaum etwas mitzunehmen hatten, außer den Kleidern, die sie am Leibe trugen. Voller Hoffnung, nach all den Qualen würde sich ihr Vaterland voller Mitgefühl um sie kümmern, mussten sie letztlich mit ansehen, wie sie allein blieben und im Stich gelassen wurden. Wir alle haben die Hoffnung gemeinsam aufgegeben, sie und wir. Natürlich gab es viele gute Seelen, die den anderen auf der Flucht aus Nächstenliebe halfen. Auf der anderen Seite jedoch stand ein Hass und eine Unbarmherzigkeit, die mich bis heute sprachlos macht. Ich bin in Abchasien geboren und aufgewachsen und weiß, wovon ich rede. So wie sich die Menschen einander gegenüber verhielten, so sollte sich kein Georgier verhalten.

Den Krieg, der aufgrund territorialer Interessen geführt wurde, haben wir auf der moralischen Ebene verloren. Wir haben uns selbst besiegt, als wir uns Verlustängsten hingaben. Viele befürchteten, ihren Lebensstandard einzubüßen. Der Komfort stand an erster Stelle. Ganz Georgien kapitulierte davor. Die westliche Konsumkultur, die gerade erst in Georgien Einzug gehalten hatte, war für viele unverzichtbar. Ein wahrer Konsumkult machte sich breit. Noch in den sechziger Jahren haben sich Diebe und Staatsanwälte, Kriminelle und Richter an einem Tisch beraten und ihre Probleme aus der Welt geschafft. Gleiches taten die Ehrlichen und Unehrlichen, die Reichen und die Armen. Heutzutage herrscht bei uns ein undurchsichtiger Sumpf mit mafiösen Strukturen, wo jeder, ohne Rücksicht auf Verluste, seine eigenen Ziele verfolgt. Das Licht am Ende des Tunnels ist nur noch schwach …

Der Pass der Flüchtlinge steht sinngemäß für den Zustand der Gesellschaft in diesem Land. Wir stehen auf der Schwelle, hin- und hergerissen zwischen Leben und Tod, Gut und Böse, und solange wir nicht aus den alten Mustern ausbrechen und weiterhin tatenlos zusehen, wie unschuldige Menschen neben uns ihr Leben verlieren, sind wir ewig dazu verdammt, den Pass zu beschreiten. Die Tragödie, die diesem Land selbstverschuldet zugestoßen ist, sucht ihresgleichen in den Annalen. Eine historische Niederlage und der Untergang der Gesellschaft. Vereinzelt kämpft jeder für sich allein um sein eigenes Wohl, dem Weg des Hasses folgend, sich selbst rechtfertigend und herablassend auf die anderen herabschauend. Wut und Rachegelüste haben eine lange Halbwertszeit und stecken tief in der Brust aller, die Nächstenliebe ist längst aus den Herzen der Menschen verbannt. Solange wir an diesen Gewohnheiten festhalten, bleiben wir dazu verdammt, in der Eiseskälte in Nebel und Wind auf dem Pass umherzuirren, allein und orientierungslos, bestraft und fernab von jedem guten Brauch, den wir von unseren Vorfahren lernten.

Der Krieg, der hätte vermieden werden können und müssen, er hätte nie stattfinden dürfen. Er hat die Seelen und die Herzen aller beschmutzt, von der gesellschaftlichen Elite bis hin zum einfachen Gefreiten im Militär. Verkauft haben wir uns selbst, indem wir uns um unseren eigenen Wohlstand mehr Sorgen machten als um die armen Seelen neben uns. Wir haben alles verkauft und uns selbst entehrt. Wir haben unseren Glauben aufgegeben und unser eigenes Versagen mit nach Hause genommen. Der Hass hat tief in unserer Gesellschaft Wurzeln geschlagen, selbst bei Frau und Kind. So ist Georgien in Schande untergegangen.

Während in einem Viertel Suchumis der Krieg tobte, wurden in einem anderen Viertel die Hilfsgüter verhökert. Gegen die Schwarzhändler sieht jeder Zuhälter oder Drogenbaron wie ein Heiliger aus. Armselige Geschöpfe sind das. Wenn ihr glaubt, ihr, die ihr euren Mercedes und euer sonstiges Hab und Gut in Sicherheit gebracht habt, dass euch die 30 bis 40 Seelen, die stattdessen auf der Ladefläche Platz gehabt hätten, nicht mehr sehen können, so irrt ihr euch! Selbstverständlich hatte in eurer Welt euer Auto mehr Bedeutung als das Leben dieser Menschen. Verdammt seid ihr, an eurem Besitz klebt das Blut der Toten. Ihr seid Sklaven eurer Konsumlust und habt eure Schande auch über uns gebracht. Wir haben alle versagt. An eurem Geld klebt auch das Blut Wasiko Dschischkarianis, eines aufrechten Menschen, der stets daran glaubte, dass sich bald ganz Georgien versöhnen würde. Bis zuletzt hatte er gehofft, dass sich die Kombattanten noch einigen würden. Schließlich waren sie doch immer ehrenhafte Männer gewesen, die einander achteten, und keine Mörder mit Blut an den Händen … Ja, auch euretwegen haben wir alles verloren! Lasst euch gesagt sein, dass es viele andere Wege gibt, um Geld zu machen. Da, wo Habgier das oberste Prinzip ist, kann es keinen Sieg geben.

Eine beliebte Methode, Affen in freier Wildbahn zu fangen, besteht darin, in einem Erdloch Essen für die Tiere zu deponieren. Nachdem der Affe es aufgespürt und hineingegriffen hat, ballt er seine Hand um das Essen zu einer Faust. Durch die enge Öffnung passt die Hand nun nicht mehr. Die Jäger kommen, um den Affen einzufangen … Er schreit, windet sich und ist verzweifelt, das Essen will er jedoch nicht loslassen, obwohl seine Hand dann wieder durch die Öffnung passen würde. Er wird gefangen, weil er nicht bereit ist, das Essen wieder loszulassen. Er ist einfach zu gierig, um das, was er einmal in seiner Hand hält, wieder aufzugeben …

Es gibt auch eine ähnliche Methode, um Fische zu fangen. Man deponiert Futter für sie in einem Gefäß mit einer Öffnung und legt dieses dann ins Wasser. Die Fische schwimmen hinein, fressen sich voll und passen dann nicht mehr durch die Öffnung. Die Fischer brauchen nur noch das Gefäß einzusammeln.

Nichts haben wir hergegeben, und auf nichts wollten wir verzichten. Gewunden und geschrien haben wir, auf dass uns die ganze Welt hören möge: USA, Japan, Burkina-Faso. Gierig und unersättlich saßen wir in unserer Falle. Darum herum wartete das nun unerreichbare Paradies. Das ist die Geschichte unserer Niederlage.

Viel zu sehr waren wir damit beschäftigt, von unseren inneren Angelegenheiten abzulenken, indem wir über unsere Nachbarn wetterten. Dabei waren es unsere eigenen Führungspersönlichkeiten, die es versäumten, das Land sicher durch die turbulente Zeit zu führen. Statt dessen warben sie auf Versammlungen mit großen Versprechen für sich selbst. Wo war der Weise, der 10 bis 15 Züge vorher erkannt hätte, in welche Lage wir auf dem Schachbrett der Politik geraten würden, einem Schachbrett, auf dem nicht Holzfiguren, sondern Menschen geopfert wurden.

Manchmal entfernen wir uns so weit von der Realität, dass wir eine Granate abschießen und nicht darüber nachdenken, wo sie einschlagen wird.

Der Untergang Georgiens fand zu allererst in den Seelen der Menschen statt, lange bevor der Krieg anfing – wie Mahatma Gandhi sagte: „Die Engländer haben Indien nicht eingenommen, wir selbst haben es ihnen gegeben!"

Wir sind eine Nation voller Unschuldslämmer, die die Schuld stets bei den anderen suchen. Jeder denkt, er sei unschuldig.

Die Führer unserer Nation haben keinerlei Bezug mehr zu ihrer Bevölkerung und sind sich nicht der Verantwortung bewusst, die sie tragen. Sie fühlen sich nicht mehr als Hirten für die Menschen, um die sie sich sorgen müssten, als seien es ihre eigenen Kinder. Das Vaterlandsgefühl ist durch die Menschen bestimmt, nicht durch die Geographie.

Wir müssen das Trauma hinter uns lassen und unsere Konflikte brüderlich und Hand in Hand lösen, ohne Hass und Vorurteile. Nur gemeinsam können wir es schaffen, die Probleme zu bewältigen und die Wunden zu heilen, die wir uns selbst zugefügt haben. Wir selbst müssen uns auf die Beine helfen und aufhören, auf die Hilfe anderer zu hoffen.

Es ist eine verfluchte Angelegenheit, einander auf Probleme anzusprechen, solange noch alte Wunden offen sind. Die Worte müssen mit besonderer Sorgfalt gewählt werden.

Unsere Niederlage begann, als wir mit 87% unseren Präsidenten wählten, unseren Landesführer sogar mit 95%. Wir sind eine Nation, die einen starken Mann sucht, in der Hoffnung, dass dieser alles auf einen Schlag zum Guten wandeln werde. Sollten wir mit ihm nicht mehr zufrieden sein, würden wir eben diesen einen Mann zur Verantwortung ziehen. Wir brauchen einen Sündenbock und ein Opfer, damit wir als Gesellschaft aus unserer Verantwortung gelöst werden. Dieser abartige Charakterzug hat uns schon immer begleitet. Das Bewusstsein für eine gemeinsame Gesellschaft und ein soziales Miteinander scheint in diesem Land nicht vorhanden zu sein. Stattdessen beobachten wir Werteverfall und mangelnde Nächstenliebe. Weder lieben wir, noch glauben wir an etwas, wir sind zu einer gottlosen Gesellschaft verkommen.

Manch einer beruhigt sich heutzutage mit dem Gedanken, dass andere Länder schon viel schlimmere Situationen überstanden haben. Das sollte für uns aber keine Rolle spielen. Wozu der Vergleich mit den anderen? Zu allererst sollten wir uns selbst zur Rede stellen und Verantwortung übernehmen. Es steht uns nicht zu, über andere zu urteilen und uns mit ihnen zu vergleichen. Ein Leben, das voll beladen ist mit ungelösten alten Konflikten, ist schwer zu bewältigen. So wie uns König David der Erbauer ein starkes und großes Georgien hinterließ, reich an Kulturgut, sollten wir unseren Kindern zumindest den Geist der Versöhnung und ein liebevolles Miteinander hinterlassen.

Vielleicht allerdings – vielleicht sind das alles nur verschwendete Gedanken. Vielleicht kommt die ganze Wahrheit erst nach langer Zeit zum Vorschein …

***

… Eteri, ich habe Sie während des Krieges in Suchumi nicht sehen können, Sie waren krank und haben die Zeit in Tiflis verbracht. Wenn Zeitungen es einmal bis nach Suchumi schafften, habe ich Ihre Gedichte gelesen. Sie haben auch an einem neuen Buch geschrieben. Im September hat man ihren Ehemann erschossen, und Sie hat man im Oktober ermordet. Wie man mir versichert hat, wussten die Mörder genau, wer Sie waren – die Dichterin Eteri Samcharadse-Dschgamadse. Man hat Sie aus dem Haus geführt und …

– Ja, so war es, Guram! – Ich stelle mir vor, wie sie mir mit ihrer traurigen und doch energischen Stimme antwortet. – Ja, ich bin hier geblieben und habe gehofft, dass bald die russische Division einmarschieren und endlich Frieden einkehren würde. Meine Verwandten, Freunde und selbst die Militärs glaubten daran. Am 28. September haben sie Chuta, meinen Mann, im Hof ermordet. Ich habe mich an jenem Abend am Flussufer versteckt, ganz in der Nähe meines Hauses. Eine Zeit lang war ich bei den Baramias, die sich um mich kümmerten. Man hat auch sie erschossen, Ehemann und Ehefrau. Ich weiß nicht, womit sie das verdient haben. Dann haben sie auch mich ermordet … Ich weiß immer noch nicht, ob mir das Herz zuerst vor Schreck stehen blieb oder ob es zuerst von der Kugel durchbohrt wurde. Was spielt das jetzt noch für eine Rolle …

… Wurdest du auch ermordet, Tengis Wadakaria? Vor meinen Augen bist du groß geworden, zu einem hervorragenden Maler herangewachsen und viel zu früh ergraut. Einmal kamst du mit tränenerfüllten Augen aus den Akazienhainen zurück, wo du Veilchen pflücken wolltest. – Wie soll ich denn diese wunderschönen Geschöpfe aus ihrem Leben reißen, wenn sie sich so ihres Lebens erfreuen und mich voller Freude anstarren? – Du warst nicht in der Lage, die Blumen zu pflücken, obwohl es dir der Lehrer aufgetragen hatte.

– Wowa, mein abchasischer Nachbar, und ich haben fast den gesamten Krieg Seite an Seite hinter uns gebracht. Er war im gleichen Alter wie ich (35 Jahre). Ich kümmerte mich um ihn so gut ich konnte, brachte ihm Brot, half ihm Plünderer zu vertreiben … Als Suchumi fiel, sagte er zu mir, ich solle bleiben, denn er würde mir

41

genauso helfen wie ich ihm. Ich blieb. Anfangs haben sich die bewaffneten Kräfte nur gegenseitig bekämpft, niemand rührte die Zivilisten an. Später dann folgten Mörder und Psychopathen. Sie holten mich aus dem Haus, und als Wowa das sah, kam er sofort herbeigerannt und sagte ihnen, dass er Abchase sei und ich sein Nachbar. Ich sei ein guter Mann. Sie entgegneten, sie seien ja gerade auf der Suche nach guten Männern, denn die schlechten würden ja nicht einmal die Georgier nehmen. Es half nichts. Sie wollten nicht ablassen, bis Wowa anbot, an meiner Stelle zu sterben. Gesagt, getan. Sie erschossen ihn und daraufhin mich. Wowa wurde in seinem Hof begraben und ich in meinem, unter dem Apfelbaum.

Eine schöne und tapfere Seele hast du, Wowa. Nach all dem Blutvergießen, den Rachefeldzügen und Plünderungen lässt dein edler Geist Abchasien in einem anderen Licht erscheinen. Nie zuvor hatte es zwischen Abchasen und Georgiern solch einen Krieg gegeben, und nie zuvor standen wir einander so erbarmungslos gegenüber. Eines Tages wird man den Krieg Schritt für Schritt aufgearbeitet haben, aber ich bin mir schon jetzt sicher, dass die Menschen hier unschuldig sind. Die Geburtsstätte des Kriegs war woanders. Die Menschen, die den Krieg miterlebt haben, sind lediglich Zeugen seiner Grausamkeit. Spätere Autoren können nur aus der Ferne berichten. Wir aber haben uns gegenseitig gefoltert und Kinder vor den Augen ihrer Eltern erschossen. Wir haben uns gegenseitig viel Unverzeihliches angetan, doch an eines glaube ich: eines Tages werden wir wieder zusammen sein und zusammen die Freuden und Qualen des Lebens ertragen. Liebe und Weitsicht werden uns wieder zueinander führen, vorbei an den Trümmern der Kriegslandschaft. Um die Mörder und Plünderer steht es anders. Sie haben keinen Platz in den Herzen der Menschen, und auch Gott wird ihnen nicht verzeihen.

Der Krieg hat uns verändert. Im Krieg haben wir wieder einmal unser Spiegelbild gesehen, wieder einmal in den Abgrund geschaut. Der Krieg hätte nie stattfinden dürfen, er hätte im Keim erstickt werden müssen. Und doch, vielleicht steht uns Einigkeit und Erleuchtung erst nach großen Qualen zu. Immer und immer wieder.

Wenn wir nicht wollen, dass im ersten Krieg des unabhängigen Georgien gleich alles verloren wurde, müssen wir als Gesellschaft einen gemeinsamen Konsens finden und uns auf den Dialog einlassen. Ich erinnere mich an Zotne Dadiani, der bereit war, die Qualen seiner Freunde auf sich zu nehmen. Weder protestierte (oder, wie man heute sagen würde, demonstrierte) er, noch griff er zum Dolch. Stattdessen stand er seinen Freunden in Zeiten schwerster Not bei und ertrug ihre Qualen mit ihnen. Sogar der Feind wusste das zu schätzen und zollte ihm seinen Respekt. Er ließ Zotne und seine Freunde frei. Auch so kann man einen Krieg hinter sich bringen … Mit Zotne hat Georgien gesiegt, ganz ohne Waffen und Blutvergießen, mit viel Mut, Weisheit, Liebe und Weitsicht.

Das Wort Liebe ist wahrlich ein großartiges Wort, so klar und rein wie eine Träne auf einer Kinderwange.

7.–24. April, 1994

Ewige Zeitzeugen

Die Einweihung der Denkmäler habe ich nicht miterlebt, doch habe ich gesehen, wie sie zerstört wurden. Ich sah im Fernsehen, wie die Leninstatue auf dem Leninplatz umgestürzt wurde. Mitten in der Nacht, von Flutlicht hell erleuchtet, fiel der Kopf der Statue auf den Asphalt und zerbrach in viele Teile. Wie entfesselt stürzten sich die Menschen darauf. Manche traten die Überreste mit den Füßen. In der Fernsehübertragung wurde man Zeuge von dem Freudengeschrei einer Menschenmasse, die sich zusammengeschlossen hatte und nach den Regeln und der Dynamik solcher Gruppen instinktiv Ausschau nach einem neuem Anführer hielt.

Kurze Zeit später waren es dieselben, die sich in einem erbarmungslosen Bürgerkrieg auf eben demselben Platz gegenseitig ermordeten. Wegen Nichtigkeiten.

Ich sah im Fernsehen, wie auf dem Rustaweli-Boulevard die Statue des Generals Ordschonikidse auf der Ladefläche eines LKWs abtransportiert wurde. Auf der Statue saß eine verwirrte Frau, die wild gestikulierte und laut um sich schrie. Die Menge grölte ihr zu und bejubelte sie und den General mit seinem riesigen Schnauzer.

Einige Monate später waren es Kalaschnikows, deren Rattern den Boulevard erfüllte. Als die georgischen Panzer in Suchumi einrollten, war das erste, worauf sie schossen, die Leninstatue vor dem Regierungspalast. Der Kopf der Statue hob sich einige Zentimeter in die Luft, sie kippte nach hinten und krachte auf die Granittreppen. Nur die Füße blieben auf dem Podest stehen. Symbolisch konnte man diesem Anblick tatsächlich etwas abgewinnen: der Weg Lenins …

Auf demselben Platz haben abchasische Krieger nach der Einnahme Suchumis Erinnerungsfotos geschossen, vor dem Hintergrund des durch Feuer zerstörten Palastes.

Kurz davor hatte man auch in Suchumi die große Büste Ordschonikidses geschleift. Man band ihm ein Seil um den Hals und befestigte das andere Ende an einem Lastwagen. Ich sah ihn auf der Tschanba-Straße, während er die Statue hinter sich her zog; der Kopf schlug immer wieder auf den Asphalt auf, mal links, mal rechts, und verlor dabei mal ein Auge, mal ein Stück des Schnurrbarts. Auch hier hörte man wildes Grölen und Freudengeschrei, die Vorboten einer nahenden Katastrophe. Auf dem Laster schwenkte ein junger Mann eine Fahne. Letztlich warf man die Büste in den Besleti-Fluss, von der Brücke bei der Ziegelsteinfabrik.

Nirgends sonst schlugen während des Krieges so viele Geschosse und Raketen ein wie auf der Tschanba-Straße.

Als die Sowjetunion zusammenbrach, sah ich, wie in den Ländern Osteuropas die Statuen der Helden des Kommunismus vorsichtig und mit chirurgischer Präzision abtransportiert wurden. Manche fanden ihren Platz in Museen, andere in den Hallen von Sammlern. Als ich sehen musste, wie man mit der Ordschonikidse-Büste in Suchumi verfuhr, ahnte ich das Schlimmste. Für mich haben diese Denkmäler einen kulturellen Wert, und so, wie man sich nicht an einem Friedhof vergeht, sollte man auch diese ewigen Zeitzeugen nicht schänden, denn sie werden sich auf ihre Art rächen. Was man sät, das erntet man. Und wer sich hemmungslosen Gewaltexzessen hingibt, dem ist nichts

Gutes bestimmt. Wir haben unsere althergebrachten Sitten vergessen, und den neuesten Erkenntnissen der Wissenschaftler auf der ganzen Welt folgen wir auch nicht. Nero hat ganz Rom niedergebrannt, die Römer jedoch halten seine Statue noch immer in Ehren. Es steht niemandem zu, über andere zu urteilen und seinem Hass freien Lauf zu lassen. Die Bösen straft Gott. Wer sich rächen will, sollte wissen, dass die Rache wie ein Bumerang wieder zu einem zurückkehrt. Wer das Böse mit bösen Mitteln bekämpft, wird selbst böse enden.

Im Leben bin ich oft Zeuge geworden, wie Grabschänder und Räuber, die Kirchen und andere heilige Stätten plünderten, aufs Äußerste vom Leben gestraft wurden. Dasselbe gilt für die stets frisch gebackenen „Anführer" von Versammlungen und Demonstrationen, die die Bevölkerung zur Gewalt aufrufen. Das sind Menschen, denen nichts heilig ist, schon gar nicht das Leben ihrer Nächsten, deren Gefühle und Glauben sie für ihre persönliche Bereicherung, ihre eigene zukünftige Statue, ausnutzen.

In Georgien herrscht sinnlose Gewalt und abgrundtiefer Hass. Wann werden wir diesen Seuche endlich überwunden haben?

„Liebe deinen Feind!" Vielleicht sind diese Worte gar nicht für uns gedacht. Vielleicht ...

Im Jahr 1994

Das Hotel Ritza

Das berühmte Hotel Ritza in Suchumi brannte im Dezember 1992 ab. Meine Nachbarn machten mich darauf aufmerksam, und ich lief sofort hin. Es war fast Mitternacht.

Es gab keinen Strom, und ganz Suchumi war dunkel. Wie ein riesiges Lagerfeuer erleuchtete das Hotel das Stadtbild. Trotz der Kälte machte ich mich auf den Weg dorthin, um herauszufinden, was vor sich ging. Als ich ankam, waren bereits einige der in der Nähe stehenden Palmen abgebrannt. Hilflos schwangen sie hin und her in dem Wind, der von der Küste herüberwehte. Die Feuerwehr tat ihr Bestes, konnte der Flammen jedoch nicht Herr werden. Ihre Bemühungen beschränkten sich auf verzweifeltes Zurufen und mündeten in ein sinnloses Durcheinander. Das Ritza brannte lichterloh.

Mit rot erleuchteten Gesichtern beobachteten die um das Gebäude herum versammelten Schaulustigen gebannt das Geschehen.

Die meisten von ihnen waren Militärs.

Die weißen Hotelwände färbten sich langsam rötlich, aus dem Dachgeschoss regnete es Bretter und Holzbalken. Die Schaulustigen wichen mehr und mehr zurück.

Bald darauf stürzte das gesamte Gebäude ein, und ein riesiger roter Feuerschweif zog über das Gebäude hinweg.

Aus den Fensterrahmen leuchteten die Flammen blutrot – die Farbe des Krieges, die Farbe der Zerstörung.

Das Gebäude schrie, es brannte schreiend nieder, doch die Menschen hatten kein Gehör dafür. Mit einem traurigen Schluchzen wehte der Küstenwind herüber, doch auch dafür hatte niemand ein Gehör. Suchumi lag im Sterben …

Ich kann mich gut an den Januar und Februar 1976 erinnern. Ich hatte geheiratet und einen Monat im Ritza verbracht. Wir waren in der dritten Etage, ein Zimmer mit Balkon. Unsere Freunde besuchten uns, wir gingen oft aus. Unbeschwerte Freude, gemeinsames Lachen mit den Freunden vor dem Hintergrund guter Musik …

Alle diese schönen Erinnerungen gingen gemeinsam mit dem Ritza im Flammenmeer auf.

Für mich war es ein wunderschönes Gebäude gewesen, vielleicht ja nicht nur für mich.

Das Hotel „Abchasien", das daneben gestanden hatte, war bereits fünf Jahre vor Beginn des Krieges niedergebrannt. Ich bin mir sicher, das war ein Zeichen des herannahenden Krieges. Keiner konnte es damals ahnen, keiner sah es kommen, und doch ging bereits kurze Zeit später ganz Abchasien in Flammen auf.

Für mich haben Gebäude Charakter und eine Seele. Einige haben eine beruhigende Wirkung auf mich, andere eher das Gegenteil. Einige habe ich immer geliebt, andere waren mir egal.

Das Ritza hatte ich ebenso in mein Herz geschlossen wie das Gagripschi. Selbst wenn ich in einer anderen Stadt war, wurde es mir sofort warm ums Herz, wenn ich an den Anblick des Ritza dachte. Vor allem das Café im Ritza habe ich immer sehr geschätzt.

Das Feuer ließ den danebenliegenden, trockengelegten Pool mitsamt seinen wasserspendenden Greifen und Drachen in einem schrecklichen Rot erstrahlen. Vor dem Krieg hatten sie unermüdlich Wasser gespien und den Gästen eine angenehme Erfrischung geboten. Jetzt, dem Feuer ausgesetzt, war es ein fürchterlicher Anblick, den ich nur wenige Minuten aushalten konnte. Bevor ich mich wieder auf den Heimweg machte, sprach ich mit einem Soldaten, den ich kannte. Einige der Krieger waren im Ritza einquartiert gewesen. Einige von ihnen hatten mit ihren Maschinengewehren um sich geschossen. Die Leuchtspurgeschosse hatten die Decke durchschlagen, und die Holzbalken im Dachgeschoss hatten Feuer gefangen. Das Feuer breitete sich von der Strandseite her aus …

Es ist etwas anderes, wenn Gebäude während eines Bombardements zerstört werden, aber das hier? Schon sehr bald später haben die Einwohner der Stadt ihren eigenen Anteil an der Zerstörung der Stadt geleistet. Wir, die Einwohner, haben das Zweite Gymnasium selbst niedergebrannt, ebenso das Kinotheater Apsni, unser Stadtarchiv, oder das Institut für abchasische Sprache, Literatur und Geschichte …

Ich kam spät zu Hause an. In der Dunkelheit tastete ich mich nach oben, in den zehnten Stock, ging in meine Wohnung, trat auf den Balkon, und das Ritza war immer noch zu erkennen …

Nur noch die Mauerreste brannten.

Von Weitem sah es wie eine Königskrone aus. Die Krone für einen König, den ein tragischer Tod ereilte und der keinen Nachfahren hatte, dem er seine in Blut getränkte Krone auf das Haupt setzen könnte.

Im Jahr 1994

Shemtschushina

April 1998. In Sotschi, im Hotel Shemtschushina findet auf Vermittlung internationaler Diplomaten eines der ersten georgisch-abchasischen Treffen statt.

Weil es eines der ersten Treffen seiner Art ist, ist die Spannung besonders groß, und es herrscht eine aufgeladene Stimmung.

In der Nacht gehe ich im angrenzenden Park gemeinsam mit einem jungen Vertreter der abchasischen Delegation spazieren. Er kommt wie ich aus Suchumi, aber wir haben uns erst kürzlich kennen gelernt. Während des Krieges starb seine Schwester, gemeinsam mit ihren drei Kindern. Sie waren in einem Hubschrauber, der sie gemeinsam mit anderen Frauen und Kindern in Sicherheit bringen sollte. Es waren knapp siebzig Menschen an Bord. Als er sich dem Dorf Lata näherte, wurde er von einer Rakete getroffen. Niemand an Bord hat es überlebt. Zum Zeitpunkt des Geschehens war seine Schwester schwanger und erwartete ihr nächstes Kind.

Meine neue Bekanntschaft erzählt mir, dass seine Schwester und er die meiste Zeit ihrer Kindheit in einem Dorf in der Nähe von Tkvartscheli verbracht hätten. Das Haus der Großeltern hätten sie aus der Ferne erkennen können, da im Hof ein riesiger Baum stand. Der Anblick habe sie stets erfreut.

Erst vor kurzem habe er in das Dorf zurückkehren müssen. Als er den Baum erblickte, sei er von starken Gefühlen übermannt worden. Er habe den Bus anhalten lassen um auszusteigen, habe es jedoch nicht vermocht. Er sei wie erstarrt gewesen und habe keinen Schritt tun können. Also sei er wieder in den Bus gestiegen und nach Suchumi zurückgekehrt. Er habe sich oft überlegt, ob er den Baum fällen solle. Den Baum fällen?

Ich höre ihm zu und stelle fest, dass ich das alles wie mit eigenen Augen vor mir sehe. Als ob ich selbst dort gewesen wäre.

Im Jahr 1998

Das weiße Pferd

In einer Woche ist Neujahr. In einer Woche wird das Jahr 2002 anbrechen, ein Jahr des Pferdes, wie es im Osten heißt.

Vor einigen Tagen habe ich gelesen, es solle das Jahr des schwarzen Pferdes werden.

Mich hingegen gemahnt es an „Das weiße Pferd", eine wunderschöne Kurzgeschichte des außergewöhnlichen abchasischen Schriftstellers Aleksi Gogua.

Ich kann mich noch ganz klar an die Geschichte erinnern: Es herrscht der Zweite Weltkrieg, und wie sonst überall auf der Welt mobilisiert man in Abchasien auch die Kavallerie. Die Front braucht Pferde.

Die Hauptperson ist ein kleiner abchasischer Junge, der sein weißes Pferd über alles liebt. Das Pferd, bis dahin fast ein vollwertiges Mitglied der Familie, wird eingezogen. Der Junge läuft hinterher, vergießt Tränen und tut sich schwer mit dem Abschied. Mit gesenktem Haupt verlässt das Pferd sein Zuhause.

Während des gesamten Krieges ist der Junge voller Sorge um sein Pferd: Wie wird es ihm wohl gehen? An welcher Front muss es kämpfen? Der Junge denkt nach und überlegt, was sein Pferd ihm wohl schreiben würde, wenn Pferde Briefe schreiben könnten. Würde das Pferd sein Leid mit ihm teilen? Und mit welchen Worten?

Nach dem Krieg habe ich Aleksi Gogua nicht mehr gesehen. Ich habe auch keine weiteren Werke von ihm gelesen. Ein einziges Mal habe ich ein Interview mit ihm gelesen, in der Zeitung Гражданское общество.

Einige Male wollte ich ihm einen Brief schreiben, habe es mir jedoch aus irgendwelchen Gründen anders überlegt.

Was hätte ich ihm geschrieben?

Und was hätte er geantwortet?

Mit welchen Worten würden wir uns von unserem Leid erzählen?

Was hat mich dazu gebracht, an „Das weiße Pferd" zu denken, jetzt, da das Jahr des schwarzen Pferdes vor uns liegt?

Im Jahr 2002

Daur Santaria

Der bekannte abchasische Schriftsteller Daur Santaria und ich sind im selben Jahr geboren, doch bin ich elf Jahre älter geworden als er. Vor genau elf Jahren ist er gestorben, noch keine 50 Jahre alt. Zuvor verstarb seine Frau. Sein Sohn lebt noch.

Gemeinsam haben wir in der Universität Suchumi Pädagogik studiert und auch gemeinsam den Abschluss gemacht, er in der abchasischen Abteilung und ich in der georgischen. Fast zur gleichen Zeit wurden unsere Bücher gedruckt, und fast zur gleichen Zeit erschienen sie auch.

Das Meer, die Bücher, japanische Literatur, Kaffee im „Amra" oder im „Brecha-lowka", Unterhaltungen über Literatur und Kunst … Vieles hatten Daur und ich gemein. Wir hatten auch einen gemeinsamen Freundeskreis: Alik Samanov, Wowa Santaria, Slavik Lakoba, Waleri Arkania, Adgur Inal-Ipa, Micheil Bgashba … Und viele andere mehr.

Daur erinnerte mich an den Schauspieler Wyssozki – ein grimmiger, schwerfäl-liger, aber direkter Mensch. So wie viele brillante Geister. Einige Male war er bei mir zu Hause zu Besuch und ich bei ihm. Wir haben zusammen getrunken und manchmal auch gesoffen, diskutiert und heftig debattiert. Aber gestritten haben wir uns nie. Wir waren echte Freunde.

Vor allem als Studenten haben wir uns oft getroffen. Einige Male haben wir uns gemeinsam Filme von Fellini angeschaut. Wir reisten auch gemeinsam nach Bitschwinta und Gagra. Beide waren wir stets bemüht, in unseren Gedichten das Meer und die exotische Natur Suchumis und Gagras hervorzuheben.

Nach dem Krieg in Abchasien besuchte ich das Dorf Tamischi, in dem er ge-boren wurde. Es war im Krieg verwüstet und niedergebrannt worden. Der Anblick brach mir das Herz. Ich erinnerte mich an Daur, wie er im Sterben lag, weit weg von seiner Heimat, in Moskau. Ich erinnerte mich an seine Gedichte und Erzäh-lungen. Ich erinnerte mich an das Werk, das er kurz vor seinem Tod vollendete: das „Nadelöhr". Mit dieser Erzählung nahm er Abschied von allen, die einen Platz in seinem Herzen hatten und die er liebte. Immer wieder lese ich darin (ich habe es auf Georgisch übersetzt und veröffentlicht). Ich bin mir sicher, er hat den na-henden Tod gespürt.

Ich würde auch gern etwas so Wundervolles verfassen wie sein „Nadelöhr", aber ich habe Angst davor.

Im Jahr 2009

Die namenlosen Helden unseres Krieges

Die Menschheit hat im Laufe ihrer Geschichte immense Gesetzeswerke geschaffen, und dennoch sind auch die bewaffneten Konflikte der heutigen Zeit immer noch eine Spielwiese von Mördern, Plünderern und Marodeuren. Im Kaukasus war bisher noch jeder Konflikt durch Mord und Totschlag gekennzeichnet. Manchmal habe ich das Gefühl, dass diese Psychopathen einer ganz anderen Spezies angehören und wir sie nach unseren Rechtsnormen gar nicht verurteilen können.

Zum Glück hat jeder Konflikt aber auch seine Ehrenmänner, Menschen, die auch in äußerster Bedrängnis ihre Menschlichkeit aufrechterhalten und ihre Handlungen auf Edelmut und Liebe zu Gott und den Nächsten gründen. Sie tun ihr Bestes, um Gerechtigkeit walten und die guten alten Traditionen nicht verkommen zu lassen.

Diese Menschen haben zwar nur wenig Einfluss auf die Politik, doch sind sie in der Lage, einer schrecklichen Welt ein schöneres Gesicht und einen Schimmer der Hoffnung zu verleihen.

Ich habe das Privileg, einige von ihnen persönlich zu kennen. Einige von ihnen kennen das Wort „Toleranz" nicht einmal, und anders als die meisten anderen reden sie nicht groß und breit über gute Taten, sondern tun sie einfach, und das auch in äußerst schwierigen Situationen.

Eine gute Tat wiegt mehr als tausend Festtagsreden.

Es ist wirklich so: ein Mensch, der einen anderen Menschen vor dem Tod bewahrt, trägt zum Erhalt der ganzen Menschheit bei.

L. Mikhava, 55 Jahre alt, ein Überlebender des Abchasienkriegs, hat mir 1996 in Tbilisi seine Geschichte erzählt:

„Ende September 1993 hat die abchasische Seite das Gebiet rund um Otschamtschiri eingenommen, einschließlich des Dorfes Neu-Daba. Ich wurde in meinem eigenen Hause als Geisel gehalten, denn jemand hatte behauptet, ich sei der Schuldirektor. Die Situation war für mich lebensbedrohend. Als sie mich erschießen wollten, tauchte plötzlich ein bärtiger Abchase in meinem Alter auf, der darauf bestand, es selbst zu tun. Unter dem Protest der anderen nahm er mich mit in sein Auto und fuhr mit mir davon, Richtung Gali. Unterwegs fragte er mich, ob ich mich denn nicht an ihn erinnern könne – als ich verneinte, nannte er mir selbst seinen Namen. Was für eine schmachvolle Erfahrung: Er hatte mich vor dem sicheren Tod bewahrt, und ich konnte mich, verängstigt wie ich war, nicht einmal an seinen Namen erinnern!

Er brachte mich zu einem seiner Verwandten in ein Dorf bei Otschamtschiri. Ich blieb drei Tage dort. Zusammen mit mir befanden sich sieben Georgier dort. Eine der Frauen hatte einen Säugling zu versorgen, und der 12-jährige Junge der Familie brachte ihr jeden Tag Milch, indem er unbemerkt auf der Dorfweide die Kühe molk. Am vierten Tag brachten sie mich über den Enguri.

Nach dem Krieg wohnte ich in einem der Flüchtlingshotels in Tbilisi. Nach etwa zwei Monaten fiel es mir dann wieder ein:

Während des Krieges war mir eine Kuh entlaufen, und als ich sie nicht finden konnte, machte ich mich auf den Weg in das Nachbardorf, wo hauptsächlich Abchasen lebten. Die Bewohner dort waren schon vor langem geflohen, ihre Häuser waren geplündert worden, und Fenster und Türen standen überall offen. Ich suchte in den Höfen nach meiner Kuh und betrat irgendwann auch den Hof dieses bärtigen Abchasen. Meine Kuh fand ich dort nicht, wohl aber das Grab eines 20-jährigen jungen Mannes. Zehn Jahre zuvor war ich auf seiner Beerdigung gewesen. Von dem Birnenbaum in der Nähe war ein Ast abgebrochen, der jetzt auf dem Grab lag. Ich räumte den Ast zur Seite, reinigte das Grab und richtete es wieder her. Oben darauf legte ich drei Birnen. Anschließend schloss ich die Fenster und Türen und ging meines Weges.

Als mich der Mann mit dem Auto aus Otschamtschiri wegbrachte, erzählte er mir genau von diesem Moment: Er habe sich selbst zu dieser Zeit in Tchilnari versteckt gehalten und sei nur ab und zu in das Dorf zurückgekommen, um nach dem

Rechten zu sehen. An jenem Tag habe er mich dabei beobachtet, wie ich mich um das Grab seines Sohnes kümmerte, und sei tief ergriffen gewesen."

Das Folgende ist die Geschichte von V. Ch., 57 Jahre, ebenfalls ein Flüchtling aus Abchasien (aufgezeichnet 1996 in Tbilisi):

„Im November 1992 haben die abchasischen Kämpfer das Dorf Kotchara im Bezirk von Otschamtschiri eingenommen. Ich hatte mich am Bein verletzt und konnte nicht wie die anderen Dorfbewohner fliehen. Die Abchasen nahmen mich als Geisel und brachten mich in ein anderes Dorf. In einem der Häuser übergaben sie mich in die Obhut eines alten abchasischen Mannes: ‚Denk nur nicht, dass du von hier fliehen könntest!' Ab und zu wurde ich von mir Unbekannten verhört und verprügelt: ‚Du bist doch einer der Anführer im Dorf gewesen – du musst doch wissen, wo die Georgier ihre Waffen versteckt haben!' Ich wusste von nichts, und sie drohten mir immer wieder mit Erschießung. Die Situation wurde immer brenzliger für mich. Mir ging es immer schlechter, ich konnte kaum noch etwas essen.

Schließlich bat ich den alten Mann, einen guten Freund von mir zu verständigen, der selbst Abchase war und den ich seit meiner Kindheit kannte. Er kam der Bitte nach, und mein Freund besuchte mich bald darauf. Wir fielen uns in die Arme, den Tränen nahe. Wie hatte es nur zu diesem Krieg kommen können? Ich bat ihn darum, mich aus meiner aussichtslosen Lage zu befreien. Er antwortete, dass das Dorf eingeschlossen sei und es kaum ein Entkommen gebe, doch wolle er sich etwas einfallen lassen. Am nächsten Tag kam er wieder, zusammen mit ein paar Freunden, und sagte mir, dass bald ein Hubschrauber landen würde, der Versorgungsgüter mit sich bringe. Auf dem Rückweg nehme er regelmäßig die Gefallenen mit. Sie würden mich in Leinen wickeln und als einen der Gefallenen ausgeben. Genauso geschah es, allerdings konnten wir kaum zu dem Hubschrauber gelangen, um den sich eine große Menschenmenge versammelt hatte.

Viele wollten mitfliegen, doch keiner durfte es. In Leinen gewickelt lag ich auf einem Gewehrstapel. ‚Macht den Weg frei, wir haben hier einen Gefallenen,' schrien meine Retter die Menschen um sich an, auf Russisch. Im Hubschrauber lagen neben mir drei gefallene Soldaten in Särgen und zwei weitere in Leinen gewickelt, so wie ich. Nach einem längeren Flug landeten wir irgendwo im Schnee, und ich verstand, dass wir irgendwo im Nordkaukasus sein mussten. Als ich den Hubschrauber verließ, traf ich auf einen mir bekannten Abchasen. Wir hatten zusammen in einem Studentenensemble getanzt. Er wunderte sich, wie ich dort hin gelangt sei, gab mir dann aber etwas Geld, und am nächsten Tag fand ich mich in der Stadt Mineralny Vody wieder."

Ein Konflikt, der nach menschenwürdigen Normen ausgetragen wird, lässt sich schnell beseitigen. Wenn jedoch Schandtaten wie Mord und Plünderungen hinzukommen, gibt es keine rasche Lösung.

Es gab in der Geschichte schon viele Kriege, in denen die siegreiche Seite Salutschüsse für die gefallenen feindlichen Soldaten abgab, um ihre Tapferkeit und ihren

Mut zu ehren. Sich an der Zivilbevölkerung zu vergreifen, war in diesen Kriegen undenkbar.

Menschlichkeit und Nächstenliebe stehen über aller Politik und sind ewige Güter. Das Höchste aber ist die menschliche Kultur. Selbst in dem blutträchtigsten aller bisherigen Kriege, im Zweiten Weltkrieg, haben die sowjetischen Radiosender Klassische Musik aus Deutschland ausgestrahlt und die Druckereien deutsche Literatur gedruckt. Das hat mir mein Vater erzählt, der selbst Zeuge war.

Ein Menschenretter ist stets doppelter Gefahr ausgesetzt: einerseits von den feindlichen Kräften, andererseits aber auch von der eigenen Seite, die die Rettung eines Feindes nicht wertschätzt. In den Wirren des Krieges steht der eine Teil der Betroffenen unter dem Einfluss sich stetig aufschaukelnder Stereotypen, während der andere Teil geradezu paralysiert ist – unter diesen Bedingungen können sich wohl nur Auserwählte zivilisiert verhalten, nur wenige können sich dem starken psychologischen Druck widersetzen.

Im Krieg werden die Traditionen aller Völker auf die Probe gestellt, der ungeschriebene Kodex ihrer historischen Werte.

Jede schöne Legende aus der Vergangenheit rankt sich um eine extreme Situation, in der sich der Held einer schweren Prüfung zu unterziehen hat. Auch wir alle stehen vor solchen Prüfungen, immer wieder und überall.

Üblicherweise tun sich die Menschen schwer, zu akzeptieren, dass einer der Ihren eine Schandtat begangen haben soll: „Nein, niemals! Ein Georgier tut so etwas nicht!" – „Wir Abchasen tun so etwas nicht!" Solche Sätze habe ich nur allzu oft gehört, und ich folgere daraus, dass jeder Mensch glaubt, die Gesellschaft, die Religion oder die Ethnie, der er angehört, sei besser als alle anderen. Tatsächlich aber kann es eine bessere Gesellschaft nur dort geben, wo Nächstenliebe und Opferbereitschaft herrschen.

Nahezu jede Religion auf der Welt predigt Nächstenliebe. Die Rettung von Menschenleben, die Wahrung von Menschenwürde sind untrennbar mit einem reinen Gewissen verbunden. Ein reines Gewissen ist überirdisch; Nächstenliebe ist ein himmlisches Gut, Hass eine Ausgeburt der Hölle.

Im Krieg werden Menschen nicht nur durch Menschen getötet, sondern durch die gesamte Situation; eine Situation, die ihrerseits von Menschen geschaffen ist. Der Krieg ist der Schauplatz schlechter Menschen; Boshaftigkeit zieht wieder Boshaftigkeit nach sich. Im Abchasienkrieg kam es mehrfach vor, das eine der Seiten kurz vor einem Gefangenenaustausch die Gefangenen erschoss. Die andere Seite tat es ihr dann gleich, sobald sie davon erfuhr.

Menschenretter sind weder während des Kriegs noch danach populär. Sie befinden sich stattdessen, wie gesagt, in doppelter Gefahr. Ihr Heldenmut steht immer vor dem Hintergrund einer Tragödie, und selbst den Verbündeten fällt es meist schwer, offen über ihre Taten zu sprechen. Über sie zu schreiben, gleicht einem Spaziergang über ein Minenfeld. Jeder falsche Schritt, jede falsche Entscheidung kann hier eine

Katastrophe hervorrufen. Deshalb ändert man oft ihre Namen, wenn man über sie schreibt. Es braucht Zeit und wirklichen Frieden, um sie offen nennen zu können. Die Menschenretter sind die namenlosen Helden unserer Konflikte.

Mythen gibt es nicht nur über die Ursachen der Kriege, sondern auch über deren Helden. Beide können wir in den Tatsachenberichten suchen, was umso leichter wird, je mehr Zeit seither vergangen ist. Interessanter aber sind die persönlichen Erzählungen, von denen einige für Fremde, die sich für die Konflikte im Kaukasus interessieren, eigenartig oder sogar unverständlich sein mögen.

„Im November 1992 trafen eine Gruppe von sechs Abchasen und eine von sieben Georgiern in einem verrotteten Maisfeld aufeinander. Beide schritten in einer Reihe vorwärts, mit den Gruppenführern voran. Bald standen sich diese Auge in Auge gegenüber, das Maschinengewehr griffbereit. Jeder war bereit, das letzte Gefecht zu kämpfen. Nach einer gefühlten Ewigkeit sagte einer der beiden: „Es ist kalt und wir haben Schnaps dabei. Wir sollten gemeinsam was trinken, um uns aufzuwärmen." Es stellte sich heraus, dass die andere Gruppe Brot und Zwiebeln mit sich führte, und so setzten sie sich hin, unterhielten sich, wünschten sich gegenseitig Segen und ein baldiges Ende des Krieges sowie eine gute Heimkehr. Eine halbe Stunde später wurden Signalpistolen abgefeuert, als Zeichen dessen, dass beide Seiten in Sicherheit waren." Dies war eine Erzählung des Journalisten G. Melikidse, Tbilisi, 1994.

„Ein Soldat auf georgischer Seite, der aus Kachetien kam, hatte sich betrunken und rief der abchasischen Seite, die sich auf der anderen Seite der Straße in den Gebäudetrümmern verschanzt hatte, zu, dass sie nicht auf ihn schießen sollten. Er übergab sein Gewehr einem Kameraden, schnappte sich ein Zehn-Liter-Gefäß mit Wein und ging hinüber auf die andere Seite. Nach ein, zwei Stunden dachten wir, er wäre tot, doch siehe da: er kam zurück und brachte Rotwein, Hirseeintopf und Käse von der abchasischen Seite mit." (Aus dem Tagebuch des in Abchasien gefallenen Soldaten D. Sivsivadse.)

„Niemand weiß, was mit ihm los war. Vielleicht hatte er einen Nervenzusammenbruch erlitten, einer meiner Kameraden, der plötzlich aus der Deckung hervorsprang, schreiend auf die abchasische Seite zurannte und die Soldaten auf das Übelste beschimpfte. Als er sich ihnen näherte, hörte man von der abchasischen Seite: ‚Georgier, du bist ja besoffen, verschwinde!' Der Junge kam wieder zu sich und rannte zurück in seine Stellung. Auf ihn haben sie nicht geschossen." (Aus dem Tagebuch von D. Sivsivadse).

„Ein versprengter abchasischer Soldat hielt sich in einem Wald versteckt, als er von einem Georgier überrascht wurde. Der Georgier zielte mit seinem Gewehr auf ihn. Der Abchase hatte keine Chance, sein Gewehr in Anschlag zu bringen. Der Georgier schaute ihn eine Zeitlang an und sagte ihm dann, er solle gehen, er habe ihm ja nichts getan." (Aus dem Tagebuch von D. Sivsivadse).

„Aus einer Gruppe georgischer Soldaten waren nur noch vier übrig geblieben, und als sie umzingelt wurde, zogen sie sich in einen Gebäudekeller zurück. Von dort aus führten sie den Kampf weiter. Drei von ihnen kamen um, und nur einer war noch am Leben. Die abchasische Seite glaubte, alle seien tot, und schickte einen jungen Soldaten hinunter, um es zu überprüfen. Der georgische Soldat schoss und verletzte den Abchasen, aber es war nur eine Fleischwunde. Er warf dem Abchasen eine Waffe zu und sagte ihm nach kurzem Überlegen, er selbst werde es nicht überleben, er aber könne noch kriechen, er solle also gehen und sich in Sicherheit bringen. Kurze Zeit später war der Georgier tot. Man hat mir erzählt, dass der Abchase nun versuche, die Identität des Georgiers herauszufinden." (M. Kuparadze, Tbilisi, 1999).

Im Jahr 1999

Zwei Geschichten

Der Krieg hat jeden von uns auf die Probe gestellt. Als Augenzeugen können wir uns noch gut an die Kriegsverbrechen der Mörder und Psychopaten erinnern, aber auch an die Taten derjenigen, die sich gegenseitig verschont und den Feind trotz aller Bedrängnis mit Respekt behandelt haben. Diese Menschen haben auch in den schwierigsten Lagen ihre Menschlichkeit nicht verloren und heldenhaft gehandelt.

Unsere Kinder und Enkelkinder sollen ganz genau erfahren, was für eine Tragödie der Krieg ist, aber auch von denjenigen hören, die mit ihrem Herzen und ihrer Nächstenliebe über den Krieg gesiegt haben, in Abchasien oder sonstwo, so wie es schon immer war.

Ich erinnere mich oft an zwei Geschichten. Eine erzählte mir ein Abchase und eine ein Georgier.

„Nachdem die abchasische Seite die einzige Brücke auf der Landstraße gesprengt hatte, hatten sie die Höhe von Anuaa-Rhu im Bezirk Otschamtschiri unter Kontrolle. Georgische Flüchtlinge aus Suchumi, die dort mit dem Bus ankamen, mussten den seichten Fluss nun zügig durchwaten, bevor sie auf der anderen Seite wieder in einen Bus steigen konnten. Da sie wussten, dass die abchasische Seite die Gegend kontrollierte, hatten sie es stets sehr eilig.

Eines Tages überquerte ein Großvater mit seinen drei Enkelinnen den Fluss. Er brachte eine nach der anderen hinüber und setzte sie in den Bus. Gerade als er einen Platz für das zweite Mädchen gefunden hatte, fuhr der Fahrer los, denn er konnte die Situation vor Angst kaum noch ertragen. Sowohl die Abchasen auf der Anhöhe als auch die Georgier in einem Bunker, in der Nähe der Landstraße wurden Zeuge des Vorfalls. Die Abchasen hatten lediglich einen Mörser und nur noch wenige Geschosse, die für den absoluten Notfall aufbewahrt worden waren.

Unerwartet schlug eine der Granaten in sicherer Entfernung vor dem Bus ein, als Warnung an den Fahrer, dass er anhalten solle, doch der fuhr umso erschrockener weiter. Auch die zweite Granate brachte ihn nicht zum Stillstand. Erst nach dem dritten Einschlag hielt er an, so dass der Großvater aussteigen konnte, um seine letzte Enkelin über den Fluss zu bringen und mit in den Bus zu nehmen. Nachdem er sie in den Bus gesetzt hatte, kehrte er noch einmal zurück, verneigte sich tief in Richtung der abchasischen Seite, bekreuzigte sich und betete für einen Augenblick. Dann stieg auch er in den Bus, und der Fahrer fuhr los. Nach wenigen Minuten war der Bus nicht mehr zu sehen. Als Zeichen der Anerkennung und des Respekts verschossen die Georgier auf ihrer Seite eine Signalpistole und mehrere Leuchtspurgeschosse. So ehrten sie die edle Tat der Abchasen." (Erzählung des abchasischen Wissenschaftlers Aslan Guashba, 2001).

„Nachdem die georgische Seite eines der abchasischen Dörfer eingenommen hatte, starteten die Abchasen einen Gegenstoß. Im Zuge der georgischen Offensive hatten die Dorfbewohner das Dorf eilig verlassen. Während des Gegenstoßes fand sich ein Trupp georgischer Soldaten in einem Haus von abchasischen Kräften umzingelt wieder. Zwei von ihnen starben, und es blieb nur noch einer übrig. Er beschloss, aus einem Fenster zu springen, das im Vergleich zu den anderen weniger stark beschossen wurde. Kurz bevor er hinaussprang, sah er jedoch in der Zimmerecke ein 2- bis 3-jähriges Kind. Wie sich erst später herausstellte, hatte in dem heillosen Durcheinander der Flucht jeder in der Familie gedacht, die anderen hätten das Kind mitgenommen. Anscheinend hatte sich das Kind aus Angst unter dem Bett versteckt.

Das Haus brannte bereits, und der Georgier konnte das Kind auf keinen Fall zurücklassen. Er nahm es auf den Arm, sprang aus dem Fenster und rannte zum nächstgelegenen Waldrand. Dort brachte er das Kind in einem Graben am Fuß eines Baumes in Sicherheit und wartete die Nacht ab, um im Schutze der Dunkelheit die eigene Einheit zu suchen. Kurz nach Sonnenuntergang wurde er von zwei Abchasen gestellt und gefangen genommen. Er sagte ihnen, dass er ein georgischer Soldat sei und sein Schicksal nun in ihren Händen liege, bat sie jedoch darum, sich ihrerseits um das Kind zu kümmern. Einer der Abchasen schaute nach und erkannte seinen eigenen kleinen Cousin wieder. Verwundert fragte er, wie das passieren konnte, und der Georgier erzählte ihm alles. Daraufhin brachten die Abchasen den Georgier zusammen mit dem Kind zu dessen Großeltern, in ein Dorf hoch oben in den Bergen. Die ganze Verwandtschaft war auf der Suche nach dem Kind gewesen, und nachdem sich alles geklärt hatte, bedankte sich der Großvater bei dem Georgier: „Du hast meinen Enkel gerettet. Er ist die Zukunft dieser Familie. Du bist ein wahrer Krieger und ein Held!" Die Abchasen schlachteten ihm zu Ehren ein Kalb und aßen und tranken mit ihm. Am nächsten Morgen brachte der Onkel des Kindes den Georgier in Sicherheit und gab ihm sein Gewehr zurück, dann aber tauschten sie ihre Gewehre gegenseitig: „Wir kämpfen zwar einen Krieg gegeneinander, doch heute verabschieden wir uns in aller Freundschaft." (Aus einer Erzählung von W. Waschakidze, Kämpfer im Abchasienkrieg; Tbilisi, 1995.)

Im Jahr 2002

Badscha

Als ich noch in Suchumi lebte, kannte ich zwei Jungen, einen Georgier und einen Abchasen. Sie waren unzertrennlich wie Pech und Schwefel; wo der eine war, war auch der andere. Oft sah ich sie zusammen in der Stadt, im Touristenviertel oder am Strand … Der Georgier hieß mit Spitznamen Badscha, und seit dem Krieg wohnte er in Tbilisi. Immer wenn sich der Abchase betrinkt, geht er zu der Wohnung von Badscha in Suchumi und ruft seinen Namen. Die Nachbarn protestieren und schreien ihn an, dass er sie schlafen lassen solle, es sei schließlich schon spät. Badscha sei ohnehin verstorben und nicht mehr da. Tief erregt antwortet der Abchase, dass sein Freund Badscha am Leben sei und ewig da sein werde. Mit viel Mühe und Not bringen sie ihn dazu, nach Hause zu gehen. Schon wenige Tage später wird Suchumi mitten in der Nacht wieder von seinem Rufen geweckt: Badscha! Badscha! …

Im Jahr 2002

Ein Dialog über den Gumista hinweg

Ein Georgier, der im Abchasienkrieg gekämpft hat, erzählt mir von einem Feuergefecht am Ufer des Gumista: „Ich hielt mich allein auf der einen Seite des Flusses in Deckung, hinter einem großen Felsen. Am anderen Ufer befand sich, ebenfalls allein, ein abchasischer Soldat. Als ich keine Munition mehr hatte, schnappte ich mir aus Wut einen Stein und warf ihn nach ihm.

– Was ist los, Georgier, hast du keine Granaten mehr? – rief er zu mir herüber.

Ich lachte, denn mir war tatsächlich keine Limonka mehr übrig geblieben, ihm aber auch nicht. Wir hatten beide unsere Magazine verschossen, und doch hatten wir beide viel zu viel Angst, um die Deckung zu verlassen. Es hätte ja sein können … Und so unterhielten wir uns. Wir riefen hin und her, erzählten einander von unserem Leben und der Familie – es stellte sich heraus, dass wir sogar einen gemeinsamen Freundeskreis hatten. Zum Schluss erzählten wir uns sogar einige Witze.

Als die Nacht hereinbrach, ging er seines Weges, und ich des meinen …

Im Jahr 1999

Eine junge Frau aus meiner Bekanntschaft

Eine junge Ossetin, die ich kenne, erzählt mir aus der Zeit des Konfliktes. Sie war seinerzeit in Zchinwali, und ein Scharfschütze durchsiebte ihr langes Kleid mit Kugeln.

„Ich glaube nicht, dass er mich umbringen wollte", sagt sie. „Ich glaube, er wollte mit mir flirten. Vielleicht ist das ja die Art der Scharfschützen, einer Dame ein Kompliment zu machen!"

Ich sitze da, höre mir ihre Geschichte an und kann sie kaum glauben. Entweder er war ein Psychopath – oder doch nur ein ziemlich schlechter Schütze.

Im Jahr 1999

Fagott

In der Nähe von Zchnwali, am Checkpoint der Friedenstruppen, wurde ein Lastwagen beschlagnahmt, der eine AT-4 Spigot, die modernste Lenkwaffe der Panzerabwehr geladen hatte.

Der umgangssprachliche Name dieses Geräts lautet „Fagott".

Beschlagnahmungen mögen in Kriegsgebiet an der Tagesordnung sein, aber als ich diesen Namen hörte, war ich doch erstaunt.

Das Fagott ist ein wunderschönes Instrument, das im Mittelalter erfunden wurde und ohne das man sich kaum ein Orchester kaum vorstellen kann. Dieses „Fagott" aber ist ein Kriegsinstrument, das ohne weiteres eine 80 mm starke Panzerung durchschlagen kann.

Die Konstrukteure derartiger todbringender Waffen suchen deren Namen immer höchst liebevoll aus. Was für eine sadistische Ader sie doch haben müssen! Das Militär benennt seine Waffen nach Blumen, Bäumen und Früchten, belegt sie manchmal auch mit wunderschönen Frauennamen; „Kornblume", „Nona" (nicht nur ein Frauenname, sondern auch die Bezeichnung eines Neun-Ton-Intervalls in der Musik oder einer Strophe mit neun Versen), „Edelweiß", „Mimose", „Akazie" oder natürlich auch „Limonka". Nicht einfach „Limone", sondern die Verkleinerungsform, „Limonka", „Zitrönchen". Was für ein reizender Kosename für eine Handgranate? Und warum nicht gleich „Limonotschka"?

Die Armeen dieser Welt sind mit Bananen, Orangen, Magnolien, oder auch mit Regen und Wind bewaffnet.

Ich habe viele entstellte Körper gesehen, in Fetzen gerissen von „Kornblumen", „Mimosen" oder „Akazien". Nicht nur deshalb hasse und verabscheue ich alle Waffen, und dies umso mehr, als derartige Waffen heutzutage immer leichter ihren Weg in die Hände von Mördern und Psychopathen finden. Sie beweisen uns immer wieder aufs Neue, wie weit wir doch von einem zivilisierten Miteinander entfernt sind. Verdammt sind alle Länder dieser Welt, wo eine Patrone mehr Bedeutung hat als ein liebevoll gesprochenes Wort!

Im Jahr 2007

Wowa

Es ist ein ruhiger Nachmittag in Zchinwali. Wir sitzen im Restaurant „Eldorado", das mich an das bekannte Restaurant „Das verlorene Paradies" in Tbilisi erinnert.

Ein ossetischer Freund erzählt mir die folgende Geschichte: Gleich am ersten Tag des bewaffneten Konflikts zwischen den Georgiern und den Osseten erreicht dieser auch Zchinwali. Schon in den frühen Morgenstunden ist Gewehrfeuer in der Stadt zu hören. Der stadtbekannte Clown Wowa (ich möchte ihn nur ungern einen Verrückten nennen) geht zu den Osseten und beschimpft sie, was ihnen einfalle, zu schießen: „Ihr weckt noch die ganze Stadt auf! Warum belästigt ihr die Leute? Was soll diese Barrikade? Seht zu, dass ihr sie auflöst, hier müssen Fußgänger und Autos durch!" …

Die Osseten versuchen eine halbe Stunde lang verzweifelt, Wowa zu erklären, dass die Georgier zuerst da waren, die Barrikaden errichtet und das Feuer eröffnet haben, und dass die Osseten hier lediglich Selbstverteidigung ausüben.

Eine halbe Stunde später beschließt Wowa, auch der georgischen Seite die Leviten zu lesen. Er klettert über die Barrikaden und stapft auf die Georgier zu.

– Kinder, schießt nicht auf ihn, er ist nicht ganz normal! – rufen die Osseten der georgischen Seite zu.

– Ihr seid selbst nicht normal, dass ihr auf uns schießt! – antworten die Georgier.

Das Schießen hört auf.

Wowa klettert über die Barrikaden auf die georgische Seite, und für eine lange Zeit lässt er sich nicht blicken.

– Haben sie ihn umgebracht? – fragen sich die Osseten.

Zweieinhalb Stunden später verlässt Wowa die Stellung der Georgier und kehrt zu den Osseten zurück. Er läuft in Schlangenlinien. Er ist betrunken, denn die Georgier haben ihn mit Wein abgefüllt.

Er klettert über die Barrikaden der Osseten und erzählt seinen Freunden aus der Stadt: „Ich habe mit den Georgiern geredet. Sie werden nicht mehr schießen. Wir haben Wein zusammen getrunken und gemeinsam einen Trinkspruch auf den Waffenstillstand ausgesprochen."

Die Osseten lachen, die Georgier lachen. Wowa lacht nicht. Ihm ist es ernst.

Während Wowa auf seiner ganz persönlichen Friedensmission unterwegs war, fiel auf keiner Seite ein Schuss. Er hat den Krieg für ganze drei Stunden zum Stillstand gebracht. Niemand konnte jemals den Krieg aufhalten. Niemand. Niemand außer Wowa. Er konnte es.

Wowa lebt heute nicht mehr.

Möge Gott seiner Seele gnädig sein und er in Frieden ruhen!

Im Jahr 2003

Ihr seid Brüder!

Eine der georgisch-ossetischen Zusammenkünfte. Nach dem Bankett am Abend ist aus einem der Hotelzimmer ein Streit zu hören.

Einer der ausländischen Besucher und Teilnehmer vermutet das Schlimmste: „Die Osseten und die Georgier sind aufeinander losgegangen! Es wird ein Blutbad geben, wir sind verloren!"

Ich eile hin, reiße die Tür auf und werde Zeuge, wie sich zwei Georgier gegenseitig das Gesicht einschlagen. In der Mitte steht ein Ossete und versucht, sie auseinander zu bringen: „Was tut ihr da. Ihr seid doch Brüder! Hört auf damit!"

Im Jahr 2000

Das gigantische Stadion

Manchmal habe ich den Eindruck dass ein Großteil der Welt in einem gigantischen Stadion Platz genommen hat und in aller Ruhe zuschaut, wie sich der Rest dieses Planeten in der Mitte gegenseitig abschlachtet.

Im Jahr 2000

Chatschapuri

Auf einer viel besuchten Konferenz mit Journalisten aus verschiedenen Ländern hält ein ausländischer Kaukasusexperte einen Vortrag über den Chatschapuri und breitet seinen Wissensschatz aus: „Die mit Käse gefüllte Teigtasche eint die Völker des Kaukasus. Seinen Ursprung hat der Chatschapuri in den Bergen Georgiens. Von da aus findet er seinen Weg in die Steppen und wird über Armenien auch in Aserbaidschan bekannt. Überall erfreut er sich großer Beliebtheit. Er wird auch in Abchasien und in Ossetien gebacken, vor allem im Nordkaukasus ist er sehr beliebt."

Der Vortrag ruft auf der Konferenz eine heftige Debatte hervor. Die Vertreter aus Aserbaidschan verweisen darauf, dass das Gericht über Aserbaidschan nach Armenien gekommen sei, und die armenischen Vertreter behaupten das Gegenteil. Die Abchasen und Osseten geben zu verstehen, dass, auch wenn diese Speise überall beliebt sei, dies doch kein Anhaltspunkt dafür sei, dass sie auf politischer Ebene eine Bedeutung hätte. Schon gar nicht würde sie sie mit den Georgiern vereinigen, und man solle Abstand davon nehmen, solch unterschwellige Behauptungen aufzustellen. Die Vertreter aus der Steppenlandschaft Georgiens stellen fest, dass der Chatschapuri seinen Ursprung natürlich in den Steppen habe und er erst von dort aus in die Berggebiete gelangt sei. Die Vertreter aus Ostgeorgien beanspruchen den Ursprung für sich, und die Vertreter aus Westgeorgien tun dasselbe. Einer von diesen Experten, ein älterer Mann, schwört sogar auf seine Mutter … Schließlich stellt sich heraus, dass einige Teilnehmer aus dem Nordkaukasus nicht einmal wussten, was für eine Speise gemeint war, und es erst verstanden, nachdem man ihnen umständlich erklärt hatte, worum es sich handelt: „Ah, das ist so eine Pirogge mit Käsefüllung!"

Um es abzukürzen: Die gute Absicht hinter diesem Vortrag, auf eine kulinarische Gemeinsamkeit aufmerksam zu machen, wurde zu einem Fiasko. Die Chatschapurisierung des Kaukasus ist kläglich gescheitert.

Die Diskussion über den Chatschapuri und seine Eignung, zum Frieden und zum wechselseitigen Dialog beizutragen, hatte viel Zeit in Anspruch genommen, und es war bald an der Zeit für das Mittagessen. Die Gastgeber tischten natürlich auch Chatschapuri auf, und der einzige, der keinen Bissen davon nahm, war der ausländische Experte.

Der Chatschapuri, den wir zu Mittag aßen, war ausgezeichnet. Als Thema auf der Konferenz war er hingegen eher von explosiver Natur.

So ist es um uns bestellt. Wir müssen vorsichtig sein, denn scheinbar harmlose Themen anzusprechen, kann uns jederzeit in ein Minenfeld führen. Wir alle hier im Kaukasus sind chatschapurisiert … Übrigens sollten auch Unbeteiligte, die nicht aus dem Kaukasus kommen, vorsichtig sein bei solchen Themen.

Im Jahr 2001

Hirsch, Wolf und Kameramann

Der vor kurzem verstorbene Autor Nugzar Schataidse hat eine Novelle geschrieben, deren Handlung sich in den Bergen Georgiens abspielt. Es ist Winter, und es schneit. In einem der Dörfer ist ein Team von Kameraleuten angekommen, um Aufnahmen zu machen. In den frühen Morgenstunden geht einer von ihnen, der Protagonist, am Flussufer spazieren und wird Zeuge, wie ein Hirsch von einem Rudel Wölfe gejagt wird. Unbeirrt springt das Tier in den Fluss und schwimmt auf die andere Seite. Die Wölfe trauen sich nicht und bleiben auf der anderen Seite des Flusses zurück. Der Hirsch, der sich nun in Sicherheit gebracht hat, schüttelt sich und bemerkt im ersten Augenblick nicht, dass er einem Menschen gegenübersteht. Seine volle Aufmerksamkeit richtet sich weiterhin auf die Wölfe auf der anderen Seite des Flusses. Dann beruhigt er sich, dreht den Kopf und sieht den Menschen. Für einige Sekunden starren sie sich gegenseitig an, und der Hirsch traut sich nicht einmal zu atmen.

Dann stürzt er sich blitzartig wieder in den Fluss, um zur anderen Seite zurückzuschwimmen, zu den Wölfen. Die Wahl zwischen einer Begegnung mit einem Menschen und der mit Wölfen fiel bei ihm eindeutig aus. Bei den Wölfen fühlt sich der Hirsch wohler. Er hat das geringere Übel gewählt.

Diese Novelle kommt mir immer dann in den Sinn, wenn Menschen mit unterschiedlichem Rang und Namen einander an einem Tisch gegenübersitzen und sich über Dinge wie Unabhängigkeit, territoriale Integrität oder Allianzen mit anderen Ländern unterhalten.

Vielleicht sollten wir „Wölfe", „Hirsche" und „Kameraleute" gemeinsam darüber nachdenken, warum sich der Hirsch in Schataidses Erzählung für die Wölfe entschieden hat. Ich bin der Meinung, dass wir unbedingt über dieses Thema reden sollten, aber in aller Ruhe und ohne Eile. Wir sollten gemeinsam darüber nachdenken, denn wir alle sind mal ein Wolf, mal ein Hirsch und mal ein Kameramann, mal in unseren eigenen Augen und mal in den Augen der anderen.

Im Jahr 2005

Drei Blinde

Es ist das Jahr 2001, und in Tbilisi findet eine Konferenz über den georgisch-abchasischen Konflikt statt. Einer meiner Bekannten, ein anerkannter Experte hält einen Vortrag. Die Art und Weise, wie er spricht, ist überzeugend, doch anhand der Fakten, die er präsentiert, wird deutlich, dass er sich nicht einmal im Klaren darüber ist, dass die einzige Schienenverbindung zwischen Abchasien und Georgien zur Zeit nicht einsatzbereit ist. Er weiß nicht, wo sich der Bezirk Gudauti befindet, und er wähnt die russische Grenze in der Nähe von Gali …

Ich erinnere mich an das indische Märchen vom Elefanten und den drei Blinden, und als ich mit meinem Vortrag an der Reihe bin, erzähle ich es dem Publikum: In einem Dorf leben drei Menschen, die seit ihrer Geburt blind sind und Elefanten nur vom Hörensagen kennen. Eines Tages bitten sie darum, einen Elefanten zu ihnen zu bringen, damit sie ihn anfassen und eine Vorstellung davon entwickeln können, wie ein Elefant so ist. Die Dorfbewohner erfüllen den Wunsch, und einer der Blinden fasst den Elefanten am Bein an, der zweite am Rüssel und der dritte am Schwanz.

Danach fragen die Dorfbewohner die Blinden, welchen Eindruck der Elefant nun bei ihnen hinterlassen habe. Derjenige, der das Bein angefasst hat, behauptet, der Elefant gleiche einem Baum. Derjenige, der ihm am Rüssel berührt hat, stellt fest, der Elefant sei wie eine Schlange gestaltet, und für den Dritten, der seinen Schwanz ergriffen hat, ist der Elefant wie ein Strick.

Ich erzähle dieses Märchen in der Hoffnung, dass ich meinen Bekannten damit nicht kränke.

Im Jahr 2001

Konobeewo

Konobeewo ist ein Dorf in Russland, in der Nähe von Moskau. An einem Abend im August 1999 sitze ich dort im Hof einer Pension mit einigen abchasischen Gesprächspartnern zusammen, und wir unterhalten uns über die drei Wege, wie man einen Apfel gewinnen und zu sich nehmen kann (ich erinnere mich nicht mehr an den Namen des Wissenschaftlers, der dieses Exempel aufgestellt hat):

Erster Weg: Man kann all die Vitamine, Mineralien und sonstigen Inhaltsstoffe zusammenmischen, aus denen ein Apfel besteht. Kein Wissenschaftler wird bestreiten können, dass es sich hierbei um einen Apfel handelt. Ein solcher „Apfel" müsste allerdings natürlich mit einem Löffel verzehrt werden, als Apfelmus.

Zweiter Weg: Man kann aus Wachs oder Holz kunstvoll einen Apfel formen, diesen anmalen und so aussehen lassen wie einen richtigen Apfel. Von außen betrachtet ist es ein Apfel, und ich kann mich gut an verschiedene „Sorten" solcher Kunstprodukte aus dem Schulunterricht erinnern.

Dritter Weg: Man kann einen Apfelbaum pflanzen, diesen regelmäßig gießen und sich gut um ihn kümmern. Mit der Zeit wird er wachsen und echte Äpfel spendieren.

Der dritte Weg ist der natürliche Weg. Ich bin glücklich, behaupten zu können, dass ich Konfliktexperten kenne, die im Sinne des 3. Weges arbeiten. Auf der anderen Seite kenne ich aber auch selbsternannte Experten, Soziologen und Konfliktforscher, die im Sinne der 1. oder 2. Regel arbeiten.

Sie haben vielleicht schon einmal aus Wachs geformte, durchaus echt aussehende Äpfel gesehen, die Zahnabdrücke aufweisen. Das sind die Abdrücke derjenigen, die betrogen wurden, von Menschen, die den 1. oder 2. Weg verfolgten und behaupteten, sie würden nur im Sinne des Friedens und der Konfliktbewältigung handeln. Gegenüber den Verfechtern des 1. und 2. Weges sind Menschen, die Probleme im Sinne des 3. Weges lösen wollen, deutlich in der Unterzahl.

Im Jahr 1999

Einladung in eine Oase

Nach einem Krieg muss die wechselseitige Beziehung zwischen den Konfliktparteien auf der Basis kultureller Normen wiederhergestellt werden, sonst droht der nächste Konflikt. Dies hat ein mir befreundeter abchasischer Autor, Daur Santaria, kurz vor seinem Tod geschrieben.

Wir haben gemeinsam unseren Abschluss an der Pädagogischen Universität in Suchumi gemacht und zur gleichen Zeit jeweils unser erstes Buch herausgegeben, bei dem Verlag „Alascharaschi".

Daurs Herz ließ ihn im Stich. Das Leben, wie er es kannte, seine Heimat, sein Dorf, sein Suchumi, alles wurde dem Krieg geopfert. Der Krieg verschonte niemanden.

Nie hätte ich gedacht, dass ich eines Tages dies hier schreiben, es Daur widmen, oder dass zwischen uns beiden ein Krieg ausbrechen würde …

Der Krieg und die Kultur stehen seit jeher in einem ewigen Wettbewerb miteinander. Wann immer der Krieg die Überhand hat, vernichtet er jeglichen Raum für friedlichen Dialog, und man gewinnt den Eindruck, dass am Ende die Kultur untergegangen ist.

Erinnern Sie sich daran, wie in einem Fellini-Film ein kleiner Junge fragt, wo die Musik hingeht, wenn die Musiker aufhören zu spielen?

Ich frage mich, wohin die Kultur verschwindet, wenn der Krieg hereinbricht. Wohin, wohin nur geht ihre erhellende Weisheit dann?

Der Krieg ist unser Schicksal geworden, ein teuflischer Verführer.

Der Krieg hat uns über die Jahrhunderte hinweg entartet. Er hat uns und unsere Kultur in die Isolation getrieben, dafür haben wir Elektrizität und Erdöl bekommen …

Wir, die kaukasischen Völkerschaften, sind in besonderem Maße von kriegstreibender Natur, und es mangelt uns an der Fähigkeit, die Konflikte unserer Vergangenheit nachhaltig zu bewältigen. Sicher, die Menschheit hat bereits vor langer Zeit den aufrechten Gang gelernt, doch irgendwie bewegen wir uns immer noch wie auf allen Vieren.

Der Krieg hat uns in ein neues Babel versetzt: wir scheinen miteinander zu reden, doch einander verstehen können wir nicht.

Die Explosionswellen haben uns weit auseinander getrieben, und jetzt versuchen wir uns aus der Ferne mit den Händen gestikulierend zu verständigen, wie es die Schiffe auf dem Meer mit ihren Signalflaggen tun.

Mit der Zeit sind unsere Kriege immer unmenschlicher geworden, und es kommen immer mehr Zivilisten ums Leben. In den Streitkräften gibt es immer weniger Tote zu beklagen, dafür steigt die Opferzahl in der Zivilbevölkerung stetig an.

Die Menschheit kann mit dem eigenen Erfahrungsschatz nicht umgehen, sie ist nicht in der Lage, ihn für das Gute einzusetzen. Er wird vielmehr zur Fragmentierung der Gesellschaft benutzt und entzieht uns dadurch immer mehr den Boden unter den Füßen. Die Kultur ist immer weniger in der Lage, Probleme zu lösen und eine harmonische menschliche Gesellschaft herbeizuführen. Unsere Kultur, die sich über Jahrhunderte hinweg herausgebildet hat, wird durch den Krieg paralysiert – der Krieg versucht, sie in einen Zombie zu verwandeln, indem er ihr die Fähigkeit raubt, wiederaufzusteigen wie der Phönix aus der Asche.

Unsere heutigen Kriege sind eingefrorene Konflikte, die man wieder aufgewärmt hat. Sie sind warm und kalt zugleich. Ein Frieden, der durch diese Konflikte bestimmt ist, ist nicht weniger schlimm als ein Krieg. Ein solcher Frieden ermüdet die Bevölkerung, macht sie hoffnungs- und orientierungslos und nimmt ihr die

Perspektive. Die Konflikte erzeugen eine Gesellschaft mundtoter und hasserfüllter Menschen.

Diejenigen, die all dem stillschweigend zuschauen und keine Anstrengungen unternehmen, um den Einfluss des Krieges zu neutralisieren, tragen eine Mitschuld daran.

Der Krieg beginnt dort, wo der Dialog aufhört. Er erzeugt ein riesiges Minenfeld, über das niemand mehr schlendern, schreiten oder laufen kann. Auf diesem Feld steht sogar die Zeit still, Gegenwart und Zukunft sind Ausdrucksformen der Vergangenheit.

Der Krieg hat uns zwar den Frieden geraubt, die Friedenskultur aber er hat uns doch nicht vollends nehmen können. Er hat wie mit Röntgenstrahlen unser Innerstes freigelegt und unsere bestialische und mörderische Seite zum Vorschein gebracht, zugleich hat er aber auch die Erhabenheit unserer Kultur und unseres menschlichen Gewissens hervortreten lassen. Natürlich können wir abgrundtief böse sein, aber zum Glück können wir uns auch hoch über alles Böse erheben. Wo diese Erhabenheit herrscht, werden alle fremden Religionen und Kulturen mit Respekt behandelt.

Die Kultur ist die Oase in der Wüste unserer Konflikte und unserer gegenseitigen Entfremdung; sie ist die Ruhezone für die Seele. Der Dialog zwischen den Kulturen ist die Einladung in diese Oase und der Ausweg aus der Wüste. Er ist der kürzeste Weg in die Herzen der Menschen, weg von der Fremdenfeindlichkeit und hin zur Toleranz.

Um die Freuden von morgen teilen zu können, müssen wir uns heute unter Schmerzen einigen. Die Kultur ist der erste Übermittler wechselseitiger Verwundungen, aber auch der erste Botschafter des Mitgefühls. Ewige Feindschaft gibt es nicht.

Natürlich können die einander gegenüberstehenden Kriegsparteien ihren Dialog nicht als Feinde anfangen, und auch nicht als Freunde (hüten wir uns vor Heuchelei und falschem Pathos!). Sie müssen vielmehr als zukünftige Partner aufeinander zugehen.

Das allererste, was uns unter diesen Bedingungen weiterzukommen hilft, ist die Kultur. Manchmal mögen deren erste Schritte einem Balanceakt auf dem Seil gleichen, doch immerhin kommt man damit vorwärts.

Wahre Kultur kann für die Menschheit eine gemeinsame Heimat schaffen, in der politische Einschätzungen eine untergeordnete Rolle spielen.

Blankes Kalkül ist ein schlechter Begleiter auf dem Weg zur Problemlösung oder, genauer, Konfliktbewältigung. Eine der wichtigsten Komponenten, die einen wesentlichen Beitrag dazu leisten kann, ist hingegen die Poesie des Dialogs, der zwischenmenschlichen Beziehungen (ja, auch die internationale Diplomatie kennt bisweilen romantische Perioden).

Unsere Gesellschaft ist reichlich mit Politikern ausgestattet, die an ihre Parteien gebunden sind, es mangelt uns jedoch an gewissenhaften und kulturell hochstehenden Anführern, die ihrem Volk gegenüber wahre Liebe erweisen und zugleich auch andere Völker achten, die Gott und die Menschen lieben und mit ihrem Leben ein Vorbild für alle darstellen.

Weder Christus noch Buddha oder Mohammed vermochten die politische Situation in den Ländern, in denen sie lebten, zu verändern. Sie haben jedoch die ganze Welt verändert und sie einen Schritt menschlicher gemacht.

Jeder Moslem hätte genauso ein Buddhist oder ein Christ sein können und umgekehrt ... Genauso hätte jeder von uns in einem anderen Land geboren werden können. Wir alle sind Kinder einer göttlichen Macht, die weder unserem Verstand noch der Logik zugänglich ist; wir sind Kinder uns unverständlicher Naturgesetze als Bewohner dieses Universums.

Gleichzeitig sind wir aber auch Vertreter unserer Herkunft und unserer Kultur. Dabei ist es unerheblich, wo man betet und zu wem. Wichtig ist nur, wie man liebt.

Die Menschheit kann nur dann besser werden, wenn jeder von uns besser wird, als hochherziger und die Kultur achtender Mensch. Wir alle müssen miteinander Kompromisse eingehen, um dem Wohl aller zu dienen. Erreichen können wir dies nur mit unbelasteter Seele. Eigentlicher Reichtum kann nur gedeihen, wenn er nicht nur einzelnen, sondern allen gehört. Höchste Kultur und höchste Moral sind Synonyme.

In Zeiten größter Not ist die Kultur unser Beschützer und Wegbegleiter. Deshalb müssen wir uns zu allererst darüber verständigen, aus welchem Kulturkreis wir kommen und welcher Kultur wir angehören. Unsere Kultur wurde nicht von einer überirdischen Macht geschaffen, sondern von uns selbst, und deshalb liegt es an uns, den aus wechselseitigem Miteinander entstandenen Moralkodex wiederherzustellen und den kulturellen Raum neu zu schaffen, der uns mit der Welt verbindet.

Über die Zeit hinweg haben wir uns voneinander entfernt, und wir müssen die entstandene Lücke durch ein neues Lichtgebäude schließen, ein großartiges, farbenreiches Gebäude, das die ganze Welt einschließt. In diesem gemeinschaftlichen Gebäude wird unser wechselseitiges Verhältnis allein durch die Magie der Kultur bestimmt. Ein Haus, das auf einem einzelnen Pfeiler ruht, kann weder groß noch leuchtend noch friedvoll sein, und niemand kann darin Schutz finden.

Nur gegenseitig können wir uns befreien, die Befreiung jeder Gesellschaft liegt in einer anderen Gesellschaft.

Wir alle sind auf der Suche nach einer Wunderformel, um unsere heutigen Krisen zu bewältigen. Elemente dieser Formel stecken in jedem von uns, in jeder Gesellschaft und in jedem einzelnen. Deshalb hängt es von jedem einzelnen von uns ab, die über alle Welt verstreuten Elemente zu finden und zu einer Formel zu vereinigen. Aus demselben Grund können wir auch nicht erwarten, jemals einzeln glücklich zu werden – auch das können wir nur gemeinsam versuchen.

Ich erinnere mich an ein bemerkenswertes Gebet der Chassiden: „Gott stehe mir, meiner Familie und meinem Land bei, und falls uns das nicht vergönnt sein sollte, dann denke an den Nächsten, seine Familie und sein Land."

Dieses Gebet ist wie eine Freikarte, die uns den Weg in die Oase eröffnet.

Ich habe diesen Essay mit den Worten meines lieben Freundes Daur Santaria begonnen, und gemeinsam mit ihm lade ich Sie in die Oase ein!
Seien Sie herzlich willkommen!

Im Jahr 2001

Der Kaukasus, Sackgasse uralter Konflikte

Nur wenn sich die Kaukasier im Babylon von heute an einen Tisch setzen, die jüngste Vergangenheit und die gegenwärtigen Zustände gemeinsam analysieren, die wechselseitigen Probleme ansprechen und ihre Verletzungen beim Namen nennen, nur dann lässt sich ein Trittboden für den nächsten Schritt schaffen. Andernfalls ist der Kaukasus zu einem ewig dauernden, chronischen Kriegszustand verdammt.

Es gibt immer mehr Opfer zu beklagen, die Anzahl abgebrannter Häuser sowie zu Unrecht abgestrafter und vertriebener Menschen steigt stetig. Unter diesen Bedingungen verdrängen Hass und Rachegelüste den gegenseitigen Respekt und die Hoffnung auf eine bessere Zukunft. Phrasen wie „Kommt, wir wollen uns wieder vertragen, lasst uns den Streit vergessen und ein neues Leben beginnen" sind absurd angesichts dieser Situation. So einfach lassen sich unsere Konflikte nicht lösen.

Eigentlich bräuchte es solche Konflikte gar nicht zu geben, doch die Geschichte liebt keine Lyrik. Was geschehen ist, ist geschehen. Die Taten unsere Vorfahren lasten schwer auf unseren Schultern. Um die Wunden zu heilen, bedarf es der Ausdauer und der Geduld derjenigen, die dazu bestimmt sind, die zersplitterte Gesellschaft wieder zu einen.

Unsere Konflikte sind alt geworden, genauer gesagt, ihre Lösung verzögert sich mehr und mehr. In einem Jahr wird der georgisch-abchasische Konflikt auf eine zehnjährige Dauer zurückblicken, und die Konflikte in Berg-Karabach und Süd-Ossetien fingen bereits vor über 10 Jahren an. Sie reihen sich in die tragische Liste der unlösbaren Konflikte ein, die 15, 20 oder sogar 30 Jahre andauern. Im Verlauf der Geschichte mögen 10, 20 oder 30 Jahre wie ein Wimpernschlag anmuten, doch für die betroffenen Menschen ist das eine lange Zeit.

Der Kaukasus ist eine Sackgasse für ungelöste alte Konflikte geworden.

Leider erkennen wir trotz der vielen Jahre, die die Konflikte bereits andauern, deren Ursachen bis heute nicht, weder bei gegenseitiger Betrachtung noch in Bezug auf uns selbst. Und der Grund besteht nicht etwa einfach nur aus dem immer wieder neu aufsteigenden Rauch des Krieges.

Die Opfer des Krieges sind die Menschen, und gerade der Opfer wegen muss es zur Versöhnung kommen. Zu einer friedlichen Lösung gibt es keine Alternative. Die Realitäten des Lebens und die zukünftigen Generationen werden den Konflikten ein Ende setzen. Sie werden einen Weg finden, um miteinander und mit der ganzen Welt leben zu können.

Aufgrund der Konflikte kommt es immer mehr zu einer Fragmentierung der Gesellschaft. Sie sind verantwortlich für die typischen Mutanten heutiger Politik: „Manisch-Größenwahnsinnige", „Massenmedien-Saurier", „Immer-Rechthabende", „Märtyrer" usw. Die Stagnation der Konflikte führt zu einer Stagnation des Geistes. Führer, die althergebrachten Denkweisen anhängen, entfernen sich immer mehr von der ihnen anvertrauten Gesellschaft. Die Zeit vergeht, und die Gesellschaft braucht Veränderung, neue Anführer und neues, ungenutztes Potenzial.

Die Konflikte haben die Kultur des friedvollen Miteinanders stark beeinträchtigt, aber noch nicht ganz vernichtet. Die größte und bedeutende unter den Errungenschaften menschlicher Kultur ist die Kultur des Friedens, die jedoch mehr und mehr einer konfrontativen Antikultur weichen muss. Die postsowjetischen Gesellschaften waren nicht in der Lage, das daraus entstehende Chaos in Ordnung zu bringen.

Aus dem „Wir" wurden viele individuelle, zersplitterte Gruppierungen, viele davon nicht einmal als solche auf dem ersten Blick erkennbar. Die neuen „Wir"-Gesellschaften haben gelernt, zu existieren, ohne Teil einer größeren Gesellschaft zu sein.

Ein weiteres Mal bestätigt sich, dass die Geschichte der Menschheit von Kriegen, von Konflikten geprägt ist. Leider wird die Realpolitik meist von Menschen bestimmt, die voller negativer Energie sind. Haben diese erst einmal höhere Positionen erreicht als die Vertreter hochstehender Kultur, dann steht es schlecht um das Land. Oft finden sie nicht einmal mit sich selbst eine gemeinsame Sprache. Dann entstehen Kriege – oder ein trügerischer Frieden, der diesen Namen nicht verdient, weil er genauso unmenschlich ist wie der Krieg.

Viele Worte haben ihre Bedeutung verloren, und gute Absichten ebenso. Das gegenseitige Vertrauen hat in der Gesellschaft einen Tiefpunkt erreicht.

Unsere jüngere, sowjetische Vergangenheit war geprägt von Massenerschießungen, Deportationen und Zwangsumsiedlungen. Man hat uns eingeimpft, dass alles für das größere Wohl geschehe und der Zweck die Mittel heilige. So wurden die schwersten Verbrechen gerechtfertigt. Das ist die grundlegendste Eigenschaft der Massenideologie: das Individuum wird mit dem Fuß zertreten und zum Teil der Masse, und so wird die Illusion von „ewigem Fortschritt" kreiert. Dieser Prozess lief höchst aggressiv und mit so viel Druck ab, dass die Opfer des Systems ihm nicht standhalten konnten.

Wir reden über große Ziele, über Politik auf hohem Niveau, Geopolitik und Ökokultur; die Menschen vergessen wir dabei. Wir reden über Gerechtigkeit und Ungerechtigkeit, ewige Anschuldigungen und den politischen Kurs des Landes; über die Menschen reden wir nicht. Aus diesem Grund sind unsere Konflikte so unmenschlich. Unvorstellbare Verbrechen werden mit Leichtigkeit begangen. Die Unbarmherzigkeit der Menschen hat vieles einfacher gemacht, einfacher und zugleich menschenunwürdiger.

Weder jahrhundertelange Traditionen noch Blutsverwandtschaft konnten den Konflikten etwas entgegensetzen. Während des Bürgerkrieges haben sich in Georgien, genauer gesagt in Tbilisi, Familienmitglieder gegenseitig mitten in der Stadt erschossen. Wir konnten dem keine Kultur der Problemlösung entgegensetzen – wo waren eigentlich die Institutionen, mit denen wir frühere Konflikte bewältigt haben?

Dabei hat der Kaukasus durchaus das Potenzial, ein wertvoller Teil der Menschheit zu werden. Wir sollten uns nicht nur auf die Hilfe der anderen verlassen, sondern uns selbst helfen.

Viele behaupten, Konflikte eskalierten im Kaukasus besonders leicht, und dafür gebe es zahlreiche Gründe. Diese Ansicht entbehrt sicher nicht eines gewissen Wahrheitsgehalts. Wie wir die aktuellen Konflikte lösen sollen, weiß jedoch niemand zu sagen. Oft können wir uns nicht einmal einigen, wie wir sie bezeichnen sollen; unsere schärfste Auseinandersetzung wird zum Beispiel „georgisch-abchasischer Krieg", „abchasisch-georgischer Krieg", „Konflikt in Abchasien", „georgisch-russischer Krieg" und umgekehrt genannt. Manche sprechen im selben Kontext auch von einem „russisch-amerikanischen Krieg" und umgekehrt, warum nicht sogar von einem „georgisch-russisch-abchasisch-amerikanischen Krieg"?

Im Jahr 2002

„Personen kaukasischer Nationalität"

Auf Russisch werden bisweilen alle Kaukasier unter dem Begriff „Personen kaukasischer Nationalität" zusammengefasst. Würde man dies auf ein einzelnes der kaukasischen Völker anwenden, so würde sich schwerer Protest erheben; bezieht man es hingegen auf alle Kaukasier, dann lachen wir nur, scherzen darüber und erzählen passende Anekdoten – die Vorstellung, zu den „Personen kaukasischer Nationalität" zu gehören, gefällt uns einfach, weil eigentlich niemand einzeln davon betroffen ist, sondern wir alle gemeinsam. Ich erinnere mich an einen Witz über hundert Männer aus Ratscha. Sie sind alle auf der Flucht, verfolgt von einem einzelnen. Ein erstaunter Zeuge dieses Spektakels fragt sie, warum sie vor einem einzelnen Verfolger wegrennen. Die Männer aus Ratscha antworten: „Aber wir wissen ja nicht, wem von uns er tatsächlich ans Leder will."

Im Jahr 2002

Die Versammlung der Kaukasier

Einige junge Kaukasier, schwer vom Krieg entstellt, treffen sich regelmäßig in Moskau. Dem einen fehlt ein Bein, dem zweiten ein Arm, ein dritter wiederum ist erblindet. Sie kommen immer des Abends zusammen und haben eine gesellige und fröhliche Zeit miteinander. Selten habe ich eine Gruppe von Menschen versammelt gesehen, die sich so sehr ihres Lebens freuen. Ich selbst bin als einer der Organisatoren dabei. Die Geschichten dieser Menschen und ihren Humor werde ich nie vergessen.

Ein junger Tschetschene: Bei der Explosion einer Mine hatte ich meine beiden Füße verloren, ich trug bereits Prothesen. Es war im Winter, bei etwa minus 15 Grad, mein Vater und ich warteten auf den Bus. Der hatte Verspätung, und meinem Vater froren die Beine ab. Ich wartete ganz ruhig und musste über meinen Vater lachen – er wippte immer von einem Fuß auf den anderen. Er fragte mich wütend, ob ich denn keine kalten Füße hätte, warum … Dann fing er an zu weinen …

Ein anderer junger Tschetschene: Ich war zwölf, als ich mein Bein auf einem Minenfeld verlor. Ich gewöhnte mich schnell an die Prothese. Im Winter wettete ich mit einem Fischer um eine Flasche Schnaps, wer es länger mit einem Bein im eiskalten Seewasser aushalten konnte. Natürlich habe ich gewonnen, denn ich hielt natürlich meine Prothese ins Wasser, und er wusste nichts davon. Später tranken wir zusammen, und ich erzählte ihm, dass ich ihn beschwindelt hatte.

Ein junger Dagestaner: Ich war zu Besuch bei einem Freund, wir tranken Schnaps. Ein Verwandter meines Freundes war auch dabei. Während der Nacht stand ich einige Male auf, um Wasser zu trinken, aber ich war zu faul, um mir die Prothese anzuziehen. So humpelte ich einige Male zwischen der Küche und dem Schlafzimmer hin und her. Am nächsten Morgen erzählte der Verwandte, er habe die ganze Nacht kein Auge zugemacht. Ein Gespenst auf einem Bein sei durch das Haus gestreift. Wir mussten alle laut lachen. Er hatte nicht gewusst, dass ich eine Prothese trug.

Ein junger Abchase fragt mich: „Wir sind uns doch schon einmal in Suchumi begegnet, oder nicht? Du wirst doch immer rot im Gesicht, wenn du betrunken bist? … Nein? … Während des Krieges hat mich eine ‚Grad‘-Rakete geblendet. Ich habe nur noch ein Prozent Sehstärke." Er fährt mir mit der Hand über das Gesicht: „Ich bin sicher, wir sind uns schon einmal begegnet … Besonders, wenn du in der Kluchori-Straße gewohnt hast … Ich kann mich gut an dich erinnern … Wir sind uns sicher schon einmal begegnet …"

Ein junger Russe: Vor zwei Jahren hatte ich einen Autounfall. Ich kam wieder zu mir, als der Verkehrspolizist mich am Bein aus dem Auto zog. Er zog und zog und hatte plötzlich mein ganzes Bein in der Hand. Der Arme fiel in Ohnmacht. Woher sollte er wissen, dass ich eine Prothese trug. Der Notarzt ließ mich liegen und konzentrierte sich auf die Wiederbelebung des Polizisten …

Ein junger Georgier: Immer wieder verlor ich den Schuh, den ich über meiner Prothese trug, ohne ihn richtig befestigen zu können. Eines Tages fragte ich einen Freund, ob er mir helfen könnte. Er trieb einen Hammer und ein paar Nägel auf und fing mitten auf der Straße an, den Schuh mit den Nägeln an die Prothese zu befestigen. Die Passanten trauten ihren Augen nicht, einigen Frauen wurde sogar übel.

Ein junger Adygejer: Ich war auf einer Hochzeit zu Gast und unterhielt mich mit einem Freund, als die Bedienung aus Versehen brühend heißes Wasser über meiner Prothese vergoss. Die anderen Gäste wussten nicht, dass ich eine Prothese trug, und wunderten sich über mich: „Schaut her, ein wahrer Gentleman, wie er es vermieden hat, die Frau in eine unangenehme Lage zu bringen! Nichts hat er sich anmerken lassen! Was muss er nur für Schmerzen gehabt haben!"

Ein junger Kabardiner: Ich habe zwei Prothesen, eine schwere, aus hiesiger Produktion, und einen neuartige leichte, aus England. Die alte, schwere benutze ich zu Hause und die leichte, wenn ich ausgehe.

Im Jahr 2002

Eine Frau in Trauerkleidung

Ein etwa 20-jähriger Student aus Armenien, der im Rahmen eines Austauschprogramms nach Suchumi gekommen war, erzählt mir die folgende Geschichte: „Eine schwarzgekleidete Frau, die erfahren hatte, dass ich Armenier sei, kam zu mir, nahm meine Hand und sagte: ‚Vor dem Krieg habe ich einen Sohn durch schwere Krankheit verloren, während des Krieges habe ich meinen zweiten Sohn und meinen Neffen verloren. Alle drei wurden nebeneinander begraben. Daneben befindet sich das Grab eines Georgiers, der im selben Alter gestorben ist. Keiner kümmert sich darum, seine Familie musste fliehen. Ich möchte, dass du weißt, dass ich jetzt sein Grab pflege. Mehr nicht …" Sie beendete den Satz, drehte sich um und ging weg.

Im Jahr 2000.

Orientierungslos

In Baku erzählt ein aserbaidschanischer Regisseur meinen abchasischen Freunden und mir die folgende Geschichte: „In Berg-Karabach hatte der Krieg begonnen, und in zwei benachbarten Dörfern war die Situation besonders angespannt. In einem Dorf wohnten überwiegend Armenier, im anderen Aserbaidschaner. Aufgrund der geographischen Lage der Dörfer und angesichts der nahenden Gefahr entschieden sich die Dorfbewohner, ihre Häuser zu tauschen. Sie wollten weder auf die ersten Militäraktionen noch auf irgendwelche politische Entscheidungen warten. Sie sprachen sich ab, und eines Tages setzten sie sich mit Traktoren und Pferdegespannen, voll beladen mit ihrem Hab und Gut, in Bewegung. Tatsächlich haben sie nicht nur ihre Häuser getauscht, sondern die ganzen Dörfer.

An eines haben die Dorfbewohner jedoch nicht gedacht: an ihre Hunde und Katzen. Die Tiere verloren vollkommen die Orientierung, da ihre Herrchen nun woanders lebten. Ein halbes Jahr irrten sie herum. Nachts bewachten die Hunde die ehemaligen Häuser ihrer Herrchen, tagsüber hingegen verweilten sie in deren neuem Wohnort. Die Katzen taten es ihnen gleich."

Ich höre dem Regisseur zu und stelle mir vor, wie es gewesen wäre, wenn jemand das Geschehen mit einer Kamera festgehalten hätte. Wie diese Geschöpfe jeden Tag zwischen den Dörfern hin und her wandern, über Wiesen und Täler. Friedlich miteinander lebend, ganz im Gegensatz zu den Menschen. Menschlicher als die Menschen.

Ich bin mir sicher, das ergäbe einen echten Film über den Krieg.

Im Jahr 2003

Die Tante

Zusammen mit einem abchasischen Freund bin ich in Jerewan zu Besuch, wo wir den Film „Die Braut in gelb" des aserbaidschanischen Regisseurs Iawer Rsajew vorführen, einen Streifen über den Krieg in Berg-Karabach. Allen gefällt der Film, einige sind zu Tränen gerührt. Nach der Vorstellung kommt ein Korrespondent von Radio Jerewan zu mir und erzählt mir die folgende Geschichte:

„Meine Tante lebte in Aserbaidschan. Nach dem Krieg musste sie flüchten, sie lebt seitdem in Jerewan. Noch vor dem Krieg hatte sie in Aserbaidschan ihren 15 Jahre alten Sohn verloren, er ist dort begraben.

Eines Tages machte sich meine Tante heimlich und ohne es jemandem zu sagen auf den Weg zu seinem Grab. An der Grenze hielten sie zuerst die armenischen Grenzbeamten auf, es sei zu gefährlich, die Grenze zu überschreiten, dann die Grenzbeamten aus Aserbaidschan. Doch sie konnte sie alle überzeugen, dass sie unbedingt das Grab ihres Sohnes besuchen müsse. Sie habe es so geträumt. Und so ließen die Grenzbeamten sie passieren.

Sie machte sich auf den Weg in ihr altes Zuhause. Dort leben jetzt Aserbaidschaner, die ihrerseits aus Armenien vertrieben worden waren. Sie erzählte ihnen ihre Geschichte und dass sie nicht wegen des Hauses hier sei, sondern um das Grab ihres Sohnes zu besuchen.

Sie blieb vier Tage dort und besuchte das Grab jeden Tag. Die Aserbaidschaner nahmen sie bei sich auf, und alle erzählten sich gegenseitig von ihrem Leid. Am fünften Tag begleiteten sie meine Tante bis zur Grenze. Um das Grab ihres Sohnes kümmern sich nun die Aserbaidschaner."

Im Jahr 2003

70

Der Preis eines Hobels

In Baku erzählt man mir: „Vor dem Beginn des Karabach-Kriegs hatte ein dort ansässiger Armenier von einem benachbarten Aserbaidschaner einen Schreinerhobel gekauft. Sie hatten vereinbart, dass der Armenier bezahlt, sobald er seine Ernte im Herbst verkauft hat.

Doch dann brach der Krieg herein, und der Aserbaidschaner musste Berg-Karabach verlassen. Er wohnt heute in einem „Kompakten Niederlassungszentrum" in Aserbaidschan. Ungefähr zehn Jahre nach dem Ende des Krieges besuchte ihn ein Mann aus Baku und gab ihm 500 Dollar. Er sagte ihm: ‚Vor dem Krieg hast du einen Schreinerhobel verkauft, ich habe den Käufer aus Armenien in Moskau kennen gelernt. Er gab mir das Geld für dich mit. Ich soll dir herzliche Grüße ausrichten!'"

Im Jahr 2003

Völkerfreundschaft

Ein Überlebender des Karabach-Kriegs erzählt mir: „Während eines der Gefechte hielten wir uns in einem Haus verschanzt. Ich lag auf dem Boden, überall waren Bücher und Hefte verstreut. Ein Schulheft stach mir besonders ins Auge. Ich schlug es auf – es enthielt den Aufsatz eines Achtklässlers über die Freundschaft zwischen den Völkern in der Sowjetunion. Der Schüler hatte die Bestnote dafür bekommen. Ich las seine Arbeit und musste weinen."

Im Jahr 2003

Ein Trinkspruch

In Baku erzählt man mir: „Ein sehr bekannter Chirurg aus Karabach, ein Aserbaidschaner, hatte in Moskau einen komplizierten Eingriff an einem Armenier vorgenommen, ohne dafür Geld zu verlangen. Als der Armenier in seine Heimat zurückkehrte, fuhr er gemeinsam mit seinen Freunden nach Karabach, um das ehemalige Haus des Chirurgen zu suchen. Er fand es, bereitete auf der Wiese vor dem Haus ein Festmahl vor, füllte die Gläser mit selbstgebranntem Maulbeerschnaps und gab einen Trinkspruch auf den Chirurgen aus. Alles das nahm er mit einer Videokamera auf, die Aufnahme schickte er nach Moskau."

Man sagt, dass Armenier nur selten Trinksprüche ausgeben. Leider konnte ich die Aufnahmen noch nicht sehen, ich weiß nicht, wer sie gerade hat – sie gehen hier von Hand zu Hand.

Im Jahr 2003

Das Herz

Eine Freundin bat mich darum, in Tbilisi an einer Versammlung von Müttern teilzunehmen, die ihre Kinder im Karabach-Krieg verloren hatten.

Es war ein äußerst belastendes Treffen, mit vielen tragischen Geschichten.

Die Organisatoren der Veranstaltung verteilten Blätter an die Frauen, auf denen zwei Figuren zu sehen waren, eine mit einem traurigen Gesichtsausdruck und eine mit einer fröhlichen Miene. Sie sollten an beiden Figuren mit einem roten Stift die Stellen ihres Körper kennzeichnen, an denen sie Trauer oder Freude spürten. Für die Freude galt es, die Figur mit dem fröhlichem Gesichtsausdruck zu verwenden, und für die Trauer die andere Figur.

Als ich mir die Blätter anschaute, stellte ich fest, dass alle Figuren, sowohl die mit dem fröhlichem als auch die mit dem traurigem Gesichtsausdruck, durch ein rotes Kreuz an der Stelle des Herzens gekennzeichnet waren.

Der Sitz unserer Freude wie auch unserer Trauer ist das Herz.

Im Jahr 2004

Kementsche

Der Klassiker der aserbaidschanischen Literatur, Dschalil Mahmedkulizade, hat ein kleines Stück geschrieben, das den Namen eines Saiteninstruments trägt: „Kementsche". Es handelt über den Konflikt zwischen Aserbaidschanern und Armeniern zu Beginn des 20. Jahrhunderts. Ein Trupp Soldaten aus Aserbaidschan, die allesamt Familienmitglieder im Krieg verloren haben, nehmen in Karabach einen alten armenischen Musiker gefangen. Er ist ein wahrer Virtuose auf der Kementsche und kommt gerade mit seinem Instrument zurück von einer Hochzeit. Die Soldaten wollen den alten Mann erschießen, doch einer schlägt vor, er solle ihnen erst noch etwas auf der Kementsche vorspielen. Der alte Mann fängt an zu spielen, und die traurige Melodie der Kementsche, die wie ein Mensch schluchzt, breitet sich über Wald und Wiese aus.

Der Anführer des Trupps, ein unerschrockener und streng dreinblickender Mann, hört mit seinen Soldaten der Melodie zu, den Tränen nahe. Dann sagt er dem alten Mann: „Hör auf, Alter, sonst kommen mir die Bilder aus dem Leben vor dem Krieg hoch. Nimm deine Kementsche und geh … Wenn ich dich erschießen würde, müsste ich mich auch selbst erschießen."

Der alte Mann geht.

Wir alle, der gesamte Kaukasus, besitzen eine so unvergleichliche Kultur – aber kann diese Kultur auch uns noch ihr eigen nennen?

Im Jahr 2004

Zwei Soldaten

Erst sind es Aserbaidschaner aus Karabach, später dann auch Armenier, die mir von zwei Soldaten erzählen. Der eine war Armenier, der andere Aserbaidschaner. Sie glichen sich wie Zwillinge in ihrem Verhalten: Beide beteten vor jeder Schlacht, dass keines ihrer Geschosse ein Kind oder eine Frau treffen möge. Beide verboten ihren Untergebenen, über die Religion des Feindes zu lästern oder schlecht über Kirchen oder Moscheen zu sprechen …
Beide sind im Karabach-Krieg gefallen.

Im Jahr 2003

Ein Volk von Künstlern

Wir Georgier sind künstlerisch veranlagt. Sehr sogar. So kennt man uns.

Man muss sich nur für wenige Augenblicke die Polit- und Talkshows im georgischen Fernsehen anschauen, und schon ist man Zeuge dessen, wie kunstvoll die Bühne für den Auftritt der Telegladiatoren hergerichtet ist. Eine einfache Frage genügt jedoch, um das wohlgestaltete Studio in ein Schlachtfeld zu verwandeln, auf dem es um nicht weniger als Leben und Tod geht. Alle, die Moderatoren wie die Gladiatoren, erfüllen ihre Rolle in diesem Zirkus vorbildlich. Der Gastgeber ist zufrieden mit der Show und die Zuschauer ebenso. Die Zuschauerzahlen schießen durch die Decke. Einige Moderatoren sind sehr geübt darin, solche Situationen hervorzurufen.

Ich habe so etwas noch in keinem anderen Land gesehen.

Und in unserem Parlament? Ich kann mich an Live-Übertragungen erinnern, die zeigten, wie Telefone, Coca-Cola-Flaschen oder Schuhe mit Leidenschaft durch den Saal geworfen wurden. Wasserflaschen wurden ausgegossen, Faustkämpfe und blutige Gesichter schmückten das Spektakel. Es wurde geschrien und auf das Übelste beleidigt. Ja, wir sind künstlerisch veranlagt. Und nach all dem vertragen sich die „Krieger" wieder: „Wir sind doch alle Brüder", „Lasst uns gemeinsam leiden", endlose Bankette in Restaurants …

Die Untertitel: „Heute beleidigten sich auf das Übelste …", „Heute verprügelten sich …", „Uns liegen Meldungen vor, wonach es im Stadtzentrum von Tbilisi eine Schießerei gab …" usw.

Künstler, die wir sind, sind wir Regisseure und Akteure zugleich in diesem Theater. Eigentlich mag ja niemand das Fernsehen leiden, aber es zieht uns mit seinen Sensationen an, und am nächsten Tag erzählen wir sie uns alle gegenseitig: „Hast du gesehen, wie sie sich geprügelt haben?" „Hast du gesehen, wie er ihm ins Gesicht gespuckt hat?" „Die sind doch alle verrückt!"…

Vielleicht sprechen uns diese – eigentlich ja verabscheuungswürdigen – Sensationen in den Medien deshalb so an, weil wir am Tag danach sagen können, wie schrecklich es war und dass wir uns niemals so verhalten würden. Das gibt uns ein gutes Gefühl.

Diese Spektakel sind Teil unseres Lebens. Ihre Protagonisten, die „allseits bekannten Persönlichkeiten", sind unsere Opfer. Wir lassen sie tanzen wie Marionet-
ten. Wenn wir nicht wären, gäbe es sie auch nicht. Ich bin überzeugt, während jeder
dieser Auseinandersetzungen schielen sie mit einem Auge zur Kamera, um sicher zu
gehen, dass sie ein gutes Bild abgeben und niemand die Vorstellung vorzeitig verlässt.

Hier ein paar Vorschläge, wie man vor den wahren Problemen fliehen und die
Aufmerksamkeit auf Unwichtiges lenken kann:
– aus Protest auf einem Bein oder auf dem Kopf stehen
– sich den Mund zunähen lassen
– ein vorgegaukelter Hungerstreik
– sinnentleerte Fernsehshows
– Scherze über anderer Leute Unglück
– das Parodieren von Politikern, auch in Form von Puppenspiel
– gegenseitige Beleidigungen und Verwünschungen
– Hass, Ignoranz und Unbarmherzigkeit …

Wir haben uns an all das bereits viel zu sehr gewöhnt. Ohne diesen „Komfort"
können wir nicht mehr leben.

Für viele von uns ist eine zivilisierte Berichterstattung in naher Zukunft gar nicht
mehr vorstellbar. Sollten wir eines schönen Tages doch dahin zurückkehren, würde
gähnende Langeweile einkehren. Wahrscheinlich würde sogar die Selbstmordrate
steigen …

Das wirkliche Leben ist wie Fellinis Schiff der Träume an uns vorübergezogen.

„Leb wohl!" rufen wir ihm hinterher, und selbst dies tun wir künstlerisch.

Das Schiff aber zieht weiter, auf dem Ozean unserer Welt, in die weite Ferne …
von unzähligen Lampen erleuchtet, stolz und erhaben.

Im Jahr 2009

Die Berge des Kaukasus

Auf einem Festbankett war ich Zeuge des folgenden Dialogs:
– Wissen Sie, worin sich die Berge des Kaukasus von anderen Bergen unterschei-
den?
– ???
– Ich erkläre es Ihnen. Wenn sie woanders in den Bergen stehen und laut „Hallo!"
rufen, so hallt es genau so von den Bergen zurück, sogar mehrfach. In den Bergen des
Kaukasus werden sie jedoch nicht einfach nur zurückgegrüßt. Die Berge erkundigen
sich nach Ihnen, Ihrer Familie, Ihrer Gesundheit und wünschen Ihnen höflich alles
Gute, „mein Herr!".

Im Jahr 1999

Das Gute

Eine der größten Sünden der Menschheit ist ihr Unvermögen, das Gute zu sehen. Insbesondere die guten Taten des Gegners gilt es zu erkennen und zu achten.

Im Jahr 1999

Gegen den Hass

Václav Havel erinnert in einer seiner Schriften an einen indischen Mythos: Es gab einmal einen Vogel mit zwei Köpfen, die einander hassten. In ihrem Hass fingen sie an, Steine zu essen, um dem anderen zu schaden. Sie teilten sich aber einen Körper und einen Magen. Der Magen vertrug die Steine irgendwann nicht mehr, und der Vogel verendete. Er starb an seinem Hass sich selbst gegenüber.

Wer sich mit dem System unserer Massenmedien auskennt, wird mir zustimmen, dass es in Georgien keinen Mangel an gegenseitigem Hass, Zynismus und unwahren Anschuldigungen gibt. Wir nehmen keinerlei Rücksicht aufeinander und bekriegen uns auf das Äußerste, gerade dann, wenn uns das ganze Land zuschaut ...

Und das, obwohl schon in den Evangelien der Hass gegenüber dem Nächsten mit Mord gleichgesetzt ist.

Das Land versinkt in einem Sumpf aus bösartiger Intoleranz und Egoismus. Beim Lesen des einen oder anderen Zeitungsartikels habe ich das Gefühl, dass der Verfasser dermaßen hasserfüllt ist, dass er, sollte sich die Gelegenheit ergeben und er denjenigen persönlich treffen, gegen den sich seine spitze Feder richtet, er nicht zögern würde, ihm die Kehle aufzuschneiden.

Das Verfassen bösartiger Pamphlete ist eine Art von Mord, nur dass in diesem Fall der Mörder nicht bestraft wird.

Viele Leben wurden durch solche Angriffe voller negativer Energie auf tragische Art und Weise gewaltsam beendet. Eines der Opfer war der Philosoph Merab Mamardaschwili.

Es gibt einen bösen Blick, der Menschen verhext, und böse Worte, die töten können. Bioenergetiker wissen das nur zu gut.

Über die Massenmedien verbreitet sich negative Energie besonders schnell, wie eine ansteckende Krankheit.

Aus Hass wird hier Profit geschlagen.

Wenn sich zwei Menschen oder zwei gesellschaftliche Gruppen hassen, warum sollen sie dann Unbeteiligte hineinziehen? Wir vergessen, dass es immer die Möglichkeit gibt, in gesittetem Dialog Konsens herbeizuführen, um der gemeinsamen Sache willen und zum Wohle aller.

Die allgegenwärtigen bösen Worte sind Zeichen des fortschreitenden geistigen Verfalls unseres Landes. Wir beten und zünden Kerzen an, und doch entfernen wir uns immer weiter von Gott. Wir opfern uns dabei selbst und verschonen uns nicht. Schlimmer als Blutvergießen ist das Vergießen unserer geistigen Substanz – ja, die müssten wir uns eigentlich gegenseitig spenden.

Leider finden die übelsten Hassschriften immer noch ihre Leserschaft – bisweilen wandern sie sogar von Hand zu Hand und erregen allergrößtes Interesse. Ich kann mir das nicht erklären. Das Prinzip des „guten Gewissens" hat sich längst überlebt, wir verhalten uns den anderen gegenüber nicht mehr so, wie wir es uns von ihnen wünschen würden.

„Wer sagt, er sei im Licht, und hasst seinen Bruder, der ist noch in der Finsternis," schrieb einst der Evangelist Johannes.

Unser Land ist viel zu klein für solch abgrundtiefen Hass, unsere Erde ist verflucht!

Der Hass ist bei uns fast schon zu einer nationalen Tragödie geworden; denn dort, wo der Hass herrscht, ist das Verderben nicht mehr weit.

Jemand, der andere hasst, richtet auch sich selbst zugrunde und reißt dabei seine Familie und das ganze Land mit.

Der Hass vernichtet alle positive Energie und ist die Ursache allen Blutvergießens.

Die zukünftigen Generationen werden es uns nicht verzeihen können, wenn sie feststellen, welchen Hass wir angesammelt haben.

Es gibt Lügendetektoren, aber Hassdetektoren hat bisher niemand entwickelt.

Seltsamerweise kommt es vor, dass dir Menschen deine Liebe nicht verzeihen können, deinen Hass dir jedoch ohne weiteres zugestehen.

Hass ist ein äußerst primitives Gefühl, seine Sprache ist einfach und allen zugänglich. Eine Gesellschaft, die diese Sprache spricht, hat gewaltige Probleme.

Da der Hass inzwischen so große Popularität bei uns erlangt hat, denken wir viel mehr über das Böse nach als über das Gute. Eine Gesellschaft, in der der Hass von größerer Bedeutung ist als das Gute, kann nicht gesund sein.

In solchen Zeiten bringt das Volk, wie die Geschichte gezeigt hat, seine Retter um und verehrt diejenigen, die es zugrunde richten.

Hasserfüllte Menschen sind bemitleidenswert.

Besonders furchterregend ist Hass, der von Generation zu Generation weitergegeben wird und sich so tief in das kollektive Gedächtnis einnistet.

Genauso furchterregend sind Neo-Bolschewismus und Neo-Faschismus, für die das Banner der Demokratie einen neuartigen Deckmantel darstellt. Doch der nützt ihnen letztlich nichts: vom Hass erfüllte Menschen bleiben immer zu erkennen.

Vor allem in den Konfliktregionen töten wir Tag für Tag unsere Zukunft.

Hass zettelt Kriege an und ist deren Nährboden. Wenn sie erst einmal ausgebrochen sind, wird er zu einer Massenvernichtungswaffe.

Wir müssen uns stets und ständig gegen den Hass schützen, genauso wie gegen AIDS. Bösartige Propaganda sollte genauso verboten werden wie Zigarettenwerbung. Übrigens sind sogar in den Vereinigten Staaten Kinder groß geworden, die davon träumten, zu Bin Laden zu gehören …

Nur allzu selten erinnern wir Georgier uns an die Heldentaten von Gia Abesadse oder an Zotne Dadiani, der seine Freunde in der Not nicht im Stich ließ und mit ihnen zusammen umkam. Ioseb Shordania, Micheil Tamaraschwili, Saba Kldiaschwili … sie alle gaben ihr Leben, um andere Menschen zu retten.

Warum sind wir unfähig, die Selbstaufopferung von Gia Abesadse zu verstehen und anzuerkennen, dem Arzt, der sich in Tbilisi noch vor dem Bürgerkrieg aus Protest gegen den immer weiter um sich greifenden Hass öffentlich verbrannt hat. Er hinterließ einen Brief mit der Bitte, uns gegenseitig zu lieben und nicht zu hassen.

Wir aber suchten ziellos nach Ursachen und Gründen für seine Tat und haben sein Opfer, sein eigenes Leben, nicht angenommen. Deshalb sind wir jetzt unglücklich, deshalb leben wir jetzt in einer Zeit des Hasses.

Wir sind unglücklich, weil wir den Glauben an uns selbst verloren haben. Wir haben den Glauben verloren, weil wir uns nicht mehr lieben und vertrauen.

Kaum einer von uns weiß etwas über Grigol Peradse, obwohl sein Name doch vielfach erwähnt wird. An der Universität von Warschau ist ihm ein Ehrenmal gewidmet, und in der orthodoxen Johannes-Kirche in Brühl zeigt ihn ein Wandgemälde in Lebensgröße. Während des Zweiten Weltkrieges ging unser großer Landsmann, als Professor der Universität Warschau im KZ Auschwitz inhaftiert, an der Stelle eines jüdischen Mithäftlings, der fünf Kinder hatte, in die Gaskammer. Er rettete so nicht nur einen Menschen, sondern die Menschlichkeit.

Nach solchen heldenhaften Vorbildern sollten wir unsere Kinder und Kindeskinder erziehen, doch die meisten wissen heutzutage nichts mehr über Grigol Peradse. Die Geburtstage unserer Gewissenshelden sollten in allen Kalendern stehen, und das ganze Land sollte sie feierlich begehen; wir sollten Gesellschaften nach ihnen benennen, Zeitungen, Bücher und Fernsehsendungen sollten über ihre Taten berichten, wir sollten sie immer an unserer Seite haben.

Gemäß dem Johannes-Evangelium wollte man, als man Jesus Christus im Garten von Gethsemane aufgriff, mit ihm zusammen auch seine Jünger verhaften. Jesus sprach daraufhin zu den römischen Soldaten und den Knechten der Hohepriester: „Ich habe euch gesagt: Ich bin's. Sucht ihr mich, so lasst diese gehen!" Und die Soldaten ließen die Jünger laufen. So erfüllte sich das Wort, das Jesus dem Herrn gegenüber geäußert hatte: „Ich habe keinen von denen verloren, die du mir gegeben hast."

Gott hat uns einander anvertraut, und nach dem Vorbild Jesu Christi sollten wir uns für die Rettung all derjenigen einsetzen, die uns anvertraut sind, damit auch wir eines Tages sagen können: „Ich habe keinen von denen verloren, die du mir gegeben hast."

Im Jahr 2007

Ich an erster Stelle

Schon wieder habe ich einen Menschen kennengelernt, der sich nur dafür interessiert, in seinen eigenen vier Wänden ein Paradies für sich zu erschaffen. Was aus seiner Stadt, aus seinem Land wird, lässt ihn unbekümmert.

Im Jahr 2009

Der Ire

Rian O'Mahony kam von Irland nach Tbilisi geflogen, nachdem er erfahren hatte, dass seine georgischen Bekannten in den Hungerstreik getreten waren. Anscheinend meinten sie es todernst. Am fünfzehnten Tag des Hungerstreiks kam er an und sah, dass es den Streikenden gut ging. Wie es sich gehört, luden die Streikenden ihren Besucher aus Irland zum Essen in ein Restaurant ein. Gemeinsam aßen und tranken sie. Nach einigen Gläsern Wein stand Rian O'Mahony auf und schlug auf den Tisch: „Was soll das hier?! Ist das etwa ein Hungerstreik? Sieht so ein georgischer Hungerstreik aus?! Als ich von euch erfuhr, habe ich mich umgehend in einen Flieger gesetzt, aus Sorge, ihr würdet sterben. Ich kam mit der Absicht hierher, es euch auszureden. Doch euch scheint es gut zu gehen. Ihr habt sogar zugenommen. Als es bei uns in Irland einen Hungerstreik gab, zählten wir knapp 70 Todesopfer! Wenn man von Hungerstreik spricht, dann muss man ihn auch ernst nehmen! Ihr aber …"
Aus Wut und Empörung liefen Tränen über Rian O'Mahonys Wangen.

Im Jahr 2002

Lektor für Parteigeschichte

In der Uni hatte ich einen Lektor für die Geschichte der Kommunistischen Partei (ein Fach, das auf jeder unserer Universitäten zum Pflichtprogramm gehörte). Ich diskutierte oft mit ihm – er rechtfertigte stets die Massenerschießungen des Jahres 1937 und drohte mir mit dem KGB. Das eine oder andere Mal musste ich beim Rektor vorsprechen: „Er redet wie ein Dissident, bringt kirchliche Ideen ein." Einmal sollten wir einen Aufsatz über ein von ihm gestelltes Thema schreiben. Ich las meinen Aufsatz laut den anderen Studenten vor. Der Lektor für Parteigeschichte wäre beinahe gestorben. Er musste ein Beruhigungsmittel zu sich nehmen, dann verfiel er in Weinkrämpfe. Ich wäre beinahe exmatrikuliert worden, man bestellte meinen Vater ein … Um es kurz zu fassen: Ich hatte eine Menge Ärger.
Als Sviad Gamsachurdia an die Macht kam, war mein Lektor für Parteigeschichte einer der ersten, der auf einer Versammlung auftrat und verkündete, er habe uns befreit, Georgien sei nun endlich aus dem Untergrund hervorgetreten, er selbst habe ja sein Leben lang an vorderster Front für die Unabhängigkeit Georgiens gekämpft. In

Blitzesschnelle wurde er zu einem der aktivsten Mitglieder der neuen nationalen Bewegung. Auch mit der Regierung von Eduard Schewardnadse fand er einen gemeinsamen Nenner, und natürlich war er auch unter Micheil Saakaschwili erfolgreich: „Die anderen Präsidenten haben uns ins Unglück gestürzt, Sie sind unsere Rettung!"

Er tritt oft im Fernsehen auf …

Wäre er nur der einzige Vertreter seiner Art, würde man ja nichts sagen. Tatsächlich aber gibt es zig Tausende seinesgleichen …

Im Jahr 2007

Freiwillige Verbannung

Ich habe Besuch von einem Fremden, ungefähr meines Alters. Wir sitzen am Tisch, und er erzählt: „Mein Vater wurde unter Stalin als politischer Straftäter in einem Straflager nach Sibirien verbannt. Dort lernte er eine neue Frau kennen, mit der er eine Tochter zeugte. Er kehrte erst in den 90er Jahren heim, samt meiner Halbschwester. Man erinnere sich, es gab damals kaum Wasser und Strom, und Verbrechen waren an der Tagesordnung. Eines Tages wurde er überfallen und gefesselt, meine Halbschwester erst vergewaltigt und dann ermordet. Mein Vater lag einen Monat lang im Krankenhaus. Als er wieder herauskam, kehrte er nicht mehr heim – er ging auf direktem Wege zurück nach Sibirien. Kurz gesagt, er ging freiwillig wieder in die Verbannung. Wir wissen nicht, wo er jetzt ist, er ist nicht aufzufinden."

Im Jahr 1997

Platztausch mit Lenin

Ich glaube, ich war in der vierten Klasse, als wir auf einem Schulausflug vor einer Leninstatue standen und einer meiner Klassenkameraden den anderen fragte: „Was ist dir lieber? Wie jetzt am Leben zu sein oder tot mit Lenin den Platz zu tauschen?" Der gefragte Klassenkamerad kam schwer ins Grübeln …

Im Jahr 1995

Einige Ratschläge für den zukünftigen Präsidenten Georgiens

Ich schrieb diesen Brief im Jahre 2003 an Micheil Saakaschwili. Er wurde sogar in den Zeitungen abgedruckt, eine Antwort habe ich jedoch nie erhalten.

„Sehr geehrter Herr Präsident,
heute ist der 20. Dezember 2003. Bald stehen in unserem Land die Wahlen zur neuen Präsidentschaft an. Wir haben große Hoffnung, dass alles gut gehen wird und dass uns das Jahr 2004 einen neuen Präsidenten bringen wird – Sie! Der dritte seit der Unabhängigkeit Georgiens. Wir hoffen, dass während ihrer Amtszeit anders als in den Jahren 1918–1921 sowie unter den vorangegangenen zwei Präsidenten alles im Rahmen der Verfassung bleibt und diese Periode eine erfolgreiche sein wird, ohne Exzesse und Eskapaden. Ohne großflächige Konflikte, ohne Bürgerkrieg, ohne eine neue ‚Rosenrevolution‘.
Sehr bald schon werden sie große Verantwortung in einem Land innehaben, wo niemand für frühere Vergehen und Verbrechen zur Rechenschaft gezogen wird – zu unserem Bedauern ist das meiste nicht einmal aufgeklärt worden.

Sehr geehrter Herr zukünftiger Präsident,
es gibt Länder auf dieser Welt, deren Anführer, gleich wie viel Macht sie sich aneignen, nichts zu ändern vermögen. In Georgien ist die Situation jedoch eine andere: ein georgischer Präsident ist in der Lage, die Dinge von Grund auf zu ändern! Deshalb warten wir alle voller Hoffnung und mit großer Zuversicht auf ihre Amtszeit. Unsere Erwartungen sind wahrlich groß – hoffentlich werden sie uns nicht enttäuschen, wo wir doch schon so oft betrogen wurden.
Bald schon werden Sie als Präsident ihren Amtseid ablegen, und vom selben Moment an werden Sie ein nationales Symbol, zusammen mit unserer Hymne, unserer Flagge und unserer Verfassung. Sie werden einen Fußabdruck in der Geschichte dieses Landes hinterlassen, und jeden Schritt Georgiens, sei er von Erfolg gekrönt oder nicht, wird man mit Ihnen in Verbindung bringen. Sie werden bald eine unvorstellbare Verantwortung tragen!

Sehr geehrter Herr zukünftiger Präsident! Wir leben in einem Land, in dem
– der erste Präsident mit 87%iger Mehrheit und der zweite mit 94%iger Mehrheit gewählt wurde. Diese Zahlen sind alles andere als gewöhnlich. Wir haben uns zu einem Ein-Mann-Land entwickelt. Zuerst vergöttern wir die gewählte Person, und dann machen wir sie für alles Übel verantwortlich. Mit großem Vergnügen stürzen wir unsere selbst gewählten Anführer. Das ist unsere unausgesprochene, unmoralische Vereinbarung. Wieviel Prozent der Wählerstimmen Sie im übrigen wohl bekommen werden?
– Die Gesellschaft ist müde von dem undurchschaubaren politischen Chaos in unserem Land.

- Wir beschuldigen uns alle gegenseitig, doch tatsächlich Verantwortliche oder Schuldige können wir nicht benennen. Jeder hat recht und jeder hat jederzeit die nötigen Argumente, um sich zu rechtfertigen.
- Weitere Fehler können wir uns nicht leisten.
- Wir bewegen uns auf einem politischen Minenfeld.
- Das Land gleicht einem Häftling, der vor kurzem aus der Haft entlassen wurde und dem nun von allen anderen erklärt wird, dass er einen Aufseher brauche.
- Wir haben uns zu Baumeistern politischer, ökonomischer und moralischer Sackgassen entwickelt.
- Wir sind Gefangene unwahrer Information. Bei uns ist das Böse in aller Munde, und das Gute wird verschwiegen.
- Stück für Stück verlieren wir unsere Würde und unser Gesicht, wir sind zu einer Parodie unserer selbst geworden. Selbst unsere Realität ist nur noch eine Parodie, von unseren Träumen ganz zu schweigen.
- Wir sind Teilnehmer und Zeugen einer chronischen Folge von Niederlagen.
- Wir haben keine Vorbilder, Menschen, die eine einzige Nuss in neun Stücke teilen und einen mit Wasser gefüllten Krug vor aller Augen zerschmettern können (wie Alexander der Große).
- Wir sind Zeugen, wie die Mitglieder der politischen Avantgarde ihren Profit machen, wie sie sich selbst schützen und alles das mit dem Wohl des Volkes rechtfertigen.
- Der legendäre „Dritte Mann" steckt in jedem von uns, und immer wieder besiegen wir uns selbst.
- Wir leben in unserem eigenen modernen Babel, innerhalb unserer selbstgeschaffenen Mauern. Wir verstehen die Sprache der anderen nicht mehr oder wenn doch, dann falsch.
- Die tief bei uns verwurzelte Korruption frisst die verarmte Bevölkerung und deren Hoffnungen auf und ist zum Problem aller geworden.
- Mitarbeiter der stromversorgenden Industrie und Politiker genießen heute die größte Popularität – beide aus demselben Grund: Dem Land fehlt es an Strom, und auch Politiker sind bei uns Mangelware. Populär ist stets, was fehlt, und nicht, was vorhanden ist.
- Die seit mehr als 10 Jahren in unserem Land eingekapselt ruhenden Konflikte drohen jederzeit wieder auszubrechen; sie glimmen vor sich hin, jederzeit in der Lage, neue Flammen zu entfachen. Wir leben in einer Region mit unheilbaren althergebrachten Konflikten.
- Wir urteilen, sprechen und werden angesprochen über Geopolitik und Öl-Pipelines, über Russland und die USA … In all diesem Wirrwarr vergessen wir die Menschen, ihre Freuden und ihre Schmerzen hören wir nicht mehr.
- Das ganze Land lebt mit der psychischen Verfassung eines Vertriebenen.
- Bei uns herrscht weder Krieg noch Frieden. Dieser Zustand ist fast noch schlimmer als der Krieg, und wir selbst haben ihn herbeigeführt.

Sobald wir mit dem Dialog aufhören, fängt der Krieg wieder an, und wir entfremden uns immer mehr voneinander, als Opfer von Illusionen, die mit höherer Geopolitik, wechselseitigem Unverständnis und wechselseitigem Verrat zusammenhängen: Georgier, Abchasen, Osseten, Bevölkerungsgruppen, die der Immunität ihrer uralten Beziehungen beraubt wurden.

Sie, als zukünftigen Präsidenten Georgiens, stelle ich mir folgendermaßen vor:
- Sie sind ein Freund Gottes und der Menschen; einer, der aufbaut, wiederherstellt und nicht zerstört.
- Sie kehren dem von Hass bestimmten Weg, der dem Land bisher nur Katastrophen unterschiedlicher Ausprägung und unterschiedlichen Ausmaßes eingebracht hat, den Rücken zu und verhindern damit die weitere Zersplitterung der Gesellschaft, die ihre Energie immer wieder in unnötigen Auseinandersetzungen verschwendet.
- Sie besitzen die Gabe, die Kunst, das Wissen und die Erfahrung, um Gegner zu verstehen und sie zu Gleichgesinnten zu machen (und nicht etwa umgekehrt Gleichgesinnte zu Gegnern).
- Sie sind ein Meister des Dialogs.
- Die Kritik einer respektvoll agierenden Opposition ernst zu nehmen und zum Ausgleich beizutragen, gehört zu Ihrem Programm.
- Sie bewältigen alte Probleme mit neuen Lösungsansätzen und lassen sich nicht durch das Opfersyndrom beeinträchtigen.
- Sie kennen sich mit der Mentalität der eigenen Gesellschaft wie auch derjenigen der benachbarten Völkern im Kaukasus aus.
- Und natürlich kennen Sie das eigene Land am besten.
- Sie sind ein weltgewandter Mensch.
- Sie sind ein vorbildlicher Politiker und können bereits um 10 bis 15 Züge vorhersehen, welche Situation sich auf dem politischen Schachbrett ergeben wird.
- Sie bilden eine Gemeinschaft von Menschen, die in der Lage sind, unter Druck und auf beengtem Raum gut miteinander zu arbeiten, und verleihen ihnen Handlungssicherheit auf dem politischen Minenfeld – und Sie können die hochherzigen, professionellen, „reinen" Menschen, die Sie dafür brauchen, leicht von den Repräsentanten der Vergangenheit, Konformisten, und Traditionalisten unterscheiden.
- Sie sind kein Populist, sondern betreiben Realpolitik, und alle Ihre Handlungen und Entscheidungen sind transparent.
- Sie bringen das Karussell der Illusionen zum Stillstand.
- Sie erzielen Ergebnisse, die früher unerreichbar waren.
- Ihre größte Waffe ist der Frieden, der eine andere Herangehensweise, eine andere Weisheit und eine andere Erfahrung benötigt, als sie die bisherigen Führer dieses Landes aufwiesen – Sie besitzen diese Eigenschaften. Sie siegen durch Frieden, Aufrichtigkeit, Vertrauen und Mitgefühl.
- Sie entfachen keine neuen Konflikte, sondern nutzen die einmalige Chance und gewinnen das Vertrauen der Abchasen und Osseten, so wie auch Sie ihnen vertrauen. Sie wissen, dass die Lösung unserer Konflikte im Miteinander liegt und dass

die Elemente der Konfliktlösung in unser aller Herzen zu finden sind. Sie sind Ansprechpartner und Beschützer der Flüchtlinge und Vertriebenen und helfen ihnen, soweit es nur möglich ist. Sie sind ein Meister des Interessenausgleichs.

Während ihrer Amtszeit erwarte ich folgendes von Ihnen:

- Das, was für unsere Gesellschaft die Wahrheit ist, und die Wahrheit der Politiker nähern sich aneinander an. Das gesamte Land wird zu einer unteilbaren Gemeinschaft.
- Georgien übt eine ausgewogene Politik gegenüber den Großmächten aus und befreit sich aus der Rolle des Selbstmörders.
- Wir geben unsere Illusionen auf – mit dem Elan eines Sprinters lassen wir den Steher hinter uns zurück.
- Wir schaffen klare Strukturen, es entsteht ein neues System, in dem die linke Hand weiß, was die rechte tut. Wir greifen auf das Wissen und die Erfahrung der gesamten Bevölkerung zurück.
- Wir werden Zeugen dessen, wie vergangene Konflikte nachhaltig aufgearbeitet werden, und gehen mit gutem Beispiel voran.
- Wir nehmen den Dialog mit alten und neu gewonnenen Partnern auf und werden ein angesehener Teil der Weltgemeinschaft.
- Wir vermeiden die Fehler einer Vergangenheit, in der die Menge ihre Totengräber verehrte und ihre Befreier umbrachte.
- Es endet die Politisierung der Kriminalität und die Kriminalisierung der Politik.
- Die Menge derjenigen, die sich gewissenlos und ungesetzlich bereichern, wird ebenso geringer wie die Menge der unschuldig Verarmten. Wir schützen die Schutzlosen und fördern die menschlichen Fähigkeiten.
- Wir laden die ältere Generation dazu ein, den Jüngeren zu erklären, was eine Straßenblockade bedeutet, die dazu führen soll, dass man den Anwohnern Strom bereitstellt.
- Die einander entfremdeten Teile der Gesellschaft treten aus ihrer Isolation und lösen die gesellschaftlichen Probleme gemeinsam (was Politiker auf „weißem" Papier unterzeichnen, hilft der Bevölkerung gar nichts, wenn sie es nicht mitträgt).
- Wir zeigen, was es heißt, mit Würde aus der Asche der Vergangenheit hervorzutreten.
- Das Spielfeld für überambitionierte Aktivisten mit exzentrischen Phantasien und übelstem Radikalismus wird kleiner.
- Unser Land ergötzt sich nicht mehr am Leid der anderen und fügen selbst keinem anderen ein Leid zu.
- Unter Ihrer Präsidentschaft …

Unter Ihrer Präsidentschaft muss sich vieles zum Besseren wenden, Herr Präsident von Georgien!"

20. Dezember 2003

Wechselseitige Fürsorge

Verschiedenen Quellen zufolge leben im Kaukasus über zweieinhalb Millionen Flüchtlinge. Nicht zuletzt deshalb kann der Kaukasus als eine Region größter Komplexität gelten.

Die Stereotypen, die sich um das Flüchtlingsproblem ranken, zeigen, dass unsere Konflikte chronisch, explosiv und langwierig sind.

Ich bin immer wieder darüber verwundert, was ich von Vertretern verschiedener Gesellschaftsschichten über die Flüchtlinge zu hören bekomme, wie wenig Verständnis und Mitgefühl man zeigt, was für eine unmenschliche Haltung man ihnen gegenüber hat und wie wenig man über sie weiß. Für mich ist es deshalb kein Wunder, dass sich die Lösung unserer Konflikte schier endlos hinzieht.

Eine Mitschuld daran haben auch einige ungeschickte „Amtsträger", die in die Konfliktlösung involviert sind.

Das Flüchtlingsthema ist immer eine nützliche Sache. Für die einen bietet es eine Gelegenheit, Punkte auf der politischen Bühne zu sammeln, und für andere dient es als Trainingsmaterial für akademische Auseinandersetzungen.

Mancher redet oder schreibt über die Flüchtlinge, als wenn es um das Aufstellen von Möbeln ginge: „Bald schon führen wir die Flüchtlinge zurück und widmen uns dann anderen Problemen", „Die Flüchtlinge sind nicht nur temporär, sondern dauerhaft umgesiedelt", „Die Flüchtlinge müssen wieder zurückgeführt werden" und so weiter.

Manche wollen „entscheiden", ohne auch nur einmal mit der abchasischen Seite oder den Flüchtlingen selbst gesprochen zu haben.

Für manche gelten die Flüchtlinge unverhohlen als Kriminelle und eine Last für die Gesellschaft.

Und manch einer sieht in den Flüchtlingen die Ursache allen Übels.

Leider wird nur höchst selten in diplomatischen Kreisen über die Flüchtlinge gesprochen.

Es ist an der Zeit, dass unsere vom Krieg gebeutelte Gesellschaft auf beiden Seiten, der georgischen und der abchasischen, von althergebrachten Illusionen Abschied nimmt. Weder die Rückführung der Flüchtlinge noch deren einfache Eingliederung in ihre jetzige Umgebung löst das Problem, das in Wirklichkeit viel komplizierter ist.

Um eine neue, bessere Zukunft zu schaffen und die Situation nachhaltig zu ändern, müssen wir neue Wege mit einer neuen Herangehensweise einschlagen.

Die verfeindeten Parteien müssen gemeinsam ein Fundament suchen, das solide genug für beide ist.

Menschen in Not, die sozusagen bis zum Nabel im Sumpf stehen, kann niemand durch Zurufen aus der Ferne herausziehen. Wer ihnen helfen will, muss selbst tief in den Sumpf eintauchen und ihnen die Hand reichen.

In jedem von uns steckt ein Mensch, der der Rettung bedarf, und einer, der selbst retten kann. Wir müssen uns gegenseitig retten, völlig ungeachtet unserer Nationalität und der Verletzungen, die wir erlitten haben.

Wir müssen uns wieder unserer gegenseitigen Fürsorge versichern, getreu der Maxime: Solange auf dieser Welt noch ein unglücklicher Mensch lebt, können die anderen nicht glücklich sein.

Auf Hass kann man keinen Staat aufbauen. Staaten müssen auf Liebe gegründet sein.

Es gibt bei uns ein Sprichwort, das heißt: „Was der Hass zerstört hat, baut die Liebe wieder auf." Mir scheint, dieses Sprichwort kann nur ein Mensch ersonnen haben, der durch alle Kriegsnöte gegangen ist.

Gut möglich, dass dieser Mensch ein Flüchtling war.

Im Jahr 2008

Einige Begebenheiten

Ich habe die folgenden Geschichten nicht verfasst, um irgend jemandes Mitleid zu erregen. Ich habe sie verfasst, um den Leser an etwas ganz Bestimmtes zu erinnern. Im übrigen ist die Zeit des Heulens und Zähneknirschens inzwischen vorbei, wir sollten uns jetzt lieber an die Lösung unserer Probleme begeben.

Nach dem bewaffneten Konflikt zwischen Abchasen und Georgiern lebte ein mir bekannter Professor in karger Armut in Sotchi. Um über die Runden zu kommen, sammelte er Flaschen, als er eines Tages auf einen sonderbaren (das Wort ‚verrückt' wäre hier unangebracht) Mann namens Maradona traf, den er aus Suchumi kannte. Der erkannte ihn, ging auf ihn zu und steckte ihm ein Bündel aus 5000-Rubel-Scheinen in die Manteltasche: „Ich kann mich erinnern, dass du mir in Suchumi immer geholfen hast. Jetzt bist du ein Flüchtling und selbst in Not. Ich will dir auch einmal helfen." Nachdem Maradona fortgegangen war, stellte der Professor den Sack voller Flaschen auf den Boden und fing an zu weinen. Er war sich nun endgültig dessen bewusst, dass er ein Flüchtling war.

In einer populären Zeitung in Tbilisi las ich eines Tages folgendes: „Ich bin 35, gut aussehend und groß gewachsen, mit strahlend blauen Augen. Ich habe ein zehnjähriges Kind, eine Wohnung, ein Auto und bin auf der Suche nach einem Mann an meiner Seite". Die Annonce endete mit den folgenden Worten: „Glatzköpfe, Kleinwüchsige und Flüchtlinge brauchen sich nicht zu melden."

Ich erinnere mich an eine andere Annonce, die von mehreren Personen unterzeichnet war. Alle hatten außer ihren Namen auch ihren Beruf genannte: Arzt, Ingenieur, Lehrer … Nur einer von ihnen fiel aus dem Rahmen: anstelle seines Berufs hatte er „Flüchtling" angegeben.

Nach dem Krieg lebte meine Mutter vorübergehend bei ihrer Schwester, in ihrem Heimatdorf im Bezirk von Abascha in Westgeorgien. Als ich sie eines Tages besuchte, hörte ich von einem Flüchtling im Dorf. Er war in diesem Dorf geboren worden und erst fünf Jahre zuvor nach Abchasien gezogen. Nach dem Krieg war er zurückgekehrt und hatte sich einen Verschlag am Rande des Dorfes gebaut. Doch jeder im Dorf kannte ihn nur als den Flüchtling. Kaum einer wusste seinen Namen. Er war kaum fünf Jahre weggewesen …

Nach dem Krieg verließ einer meiner Freunde, der inzwischen verstorbene Tamas Kwarazchelia, kaum noch seine Wohnung in Tbilisi. Er hatte Zeit seines Lebens in Suchumi gelebt und die Vertreibung nicht verkraftet. Er nahm am gesellschaftlichem Leben nur dann teil, wenn einem seiner Freunde aus Suchumi die letzte Ehre erwiesen wurde. Dann fotografierte er heimlich die anderen Teilnehmer der Trauerfeier und beklebte mit deren Fotos die Wände seiner Wohnung. So konnte er weiterhin unter seinen Freunden aus Suchumi leben, in seiner Wohnung in Tbilisi, und das über mehrere Jahre hinweg, bis er selbst während der Bestattung eines jungen Mannes aus Suchumi starb.

An einem Ostermorgen begegnete eine aus Abchasien vertriebene Frau einer Tbilisierin, die auf dem Weg zum Friedhof war. Sie übergab ihr eine Kerze und bat sie, diese über dem Grab ihrer Dahingegangenen anzuzünden; die Ihrigen würden dies dann ebenfalls spüren. Außerdem gab sie ihr noch Osterkuchen und bunte Eier mit.

Ich kenne eine Vertriebene aus Otschamtschiri, die keine Früchte mehr in den Mund nimmt, wie sie dort, in Otschamtschiri, in ihrem Garten gediehen, aus Protest gegenüber ihrem Schicksal.

Einer meiner Bekannten lebt noch heute zusammen mit seiner Familie in einem der Krankenhäuser, die als Notunterkünfte dienen. Ihr Zimmer liegt gleich neben dem Reanimationsraum. Samt seinen Kindern wird er mehrmals in der Woche Zeuge, wie jemand von uns geht. Inzwischen sind sie aus dem Krankenhaus nicht mehr wegzudenken.

Ich habe Hunderte solcher Begebenheiten in meinen Notizbüchern niedergeschrieben.

Flüchtlinge bringen stets Unruhe in die Gesellschaft, egal in welchem Jahrhundert und in welchem Land. Schon oft waren sie die Ursache für einschneidende Veränderungen in den gesellschaftlichen Grundlagen einer Region (man denke nur an das mittelalterliche Italien), bis hin zu blutigen Auseinandersetzungen. Und doch haben sie vielfach auch zum Fortschritt eines Landes beigetragen, zur Entwicklung des Handels, der Wirtschaft, der Kultur und der Wissenschaften (man denke nur an das mittelalterliche Italien).

Das Flüchtlingsdasein steht in jeder beliebigen Epoche vor den gleichen Herausforderungen: dem allgegenwärtigen Kampf gegen psychische Belastungen und Hoffnungslosigkeit und dem Zwang zu einem Neuanfang und einer Neubestimmung der Werte.

Flüchtlinge haben darunter zu leiden, dass sie viele Verwandte, Bekannte und Freunde verloren haben, doch selbst in den Zeiten von Trauer und Depression treffen sie oft auf gutherzige Menschen, die ihnen neue Hoffnung geben. Wie zerronnen, so gewonnen.

Das Flüchtlingsdasein mit seinen Herausforderungen, mit Not und Leid formt einen neuen Menschen. Von der eigenen Regierung und deren Politik enttäuscht und betrogen, vertraut er niemandem mehr. Als ich bei meiner Flucht aus Abchasien den Pass nach Swanetien überquerte, sah ich einen jungen Vater, der sein sterbendes Kind in den Armen hielt und alle Politiker verfluchte. Er verfluchte jeden einzelnen, der eine Mitschuld an dem Krieg trug, er verfluchte uns alle und schluchzte laut in seiner Verzweiflung.

Im Jahr 2008

Stereotypische Flüchtlinge

Wir alle dümpeln auf einem Meer von Stereotypen herum – unseren eigenen, denen der anderen, persönlichen, falschen, logischen und unlogischen und was es sonst noch geben mag. Dieses Meer ist vor allem für die Flüchtlinge gefährlich, indem es ihnen bisweilen unerwartete, unrealistische oder sogar gegensätzliche Eigenschaften zuschreibt.

Hier einige Beispiele:
- „Glatzköpfe, Kleinwüchsige und Flüchtlinge …" – für manche sind Flüchtlinge Menschen mit einem körperlichen Gebrechen.
- Für manche ist der Flüchtlingsstatus ein Beruf: „Arzt, Ingenieur, Lehrer … Flüchtling".
- Für manche sind Flüchtlinge Verräter: Sie glauben, dass die Flüchtlinge, bevor sie es wurden, einfach hätten zur Waffe greifen und sich verteidigen müssen.
- Für manche sind die Flüchtlinge die Schuldigen: in Abchasien hört man immer wieder, dass sie zu den Waffen gegriffen und den Krieg angezettelt hätten.
- Flüchtlinge sind feige: ebenso häufig hört man, dass sie sich einfach nur aus dem Staub gemacht hätten.
- Und noch eine andere Sichtweise, die man in Abchasien hört: wenn die Flüchtlinge unschuldig waren, warum sind sie dann geflohen? Sie hätten doch einfach zuhause bleiben können.
- Die Flüchtlinge sind Anhänger Schewardnadses – ein Vorwurf, den man früher öfter hörte als heute.
- Die Flüchtlinge sind Anhänger Gamsachurdias – auch das ein weit verbreitetes Stereotyp in Georgien.
- Die Flüchtlinge sind Anhänger von Aslan Abaschidse – nicht weniger verbreitet.

- Die Flüchtlinge sind Anhänger von Saakaschwili – eine jüngere Variante.
- Die Flüchtlinge haben bei den abchasisch-georgischen Verhandlungen kein Mitspracherecht, denn:
    1. Sie sind emotional aufgeladen und stören die Gespräche durch Weinen.
    2. Sie sind aggressiv und sinnen auf Rache.
    3. Sie sind nicht fähig zu einer konstruktiven Mitarbeit.
    4. Sie streben nicht nach einem gemeinsamen Konsens, da sie keine Kompromisse eingehen wollen.
    5. Sie streben nicht nach einem gemeinsamen Konsens, da sie zu allem bereit sind und die nationalen Interessen Georgiens „konterkarieren", und so weiter und so fort …
- Ein Verbleib der Flüchtlinge in unserer Gesellschaft könnte unabsehbare negative Folgen haben und neue Konflikte nach sich ziehen.
- Die Flüchtlinge dürfen nicht nach Abchasien zurückkehren, da sie einen neuen Krieg anzetteln könnten. Waren es nicht die Flüchtlinge, die die sowjetischen Panzer in Suchumi mit Blumen begrüßten?
- Für manche ist der Begriff „Flüchtling" mit einer Nationalität gleichbedeutend.
- Die Flüchtlinge dürfen nicht in die Lage versetzt werden, hier zu bleiben.
- Die Flüchtlinge dürfen nicht in die Lage versetzt werden, zurückzukehren.
- Die Flüchtlinge müssen zurückkehren.
- Die Flüchtlinge dürfen nicht zurückkehren.

Soweit das Ping-Pong der primitiv-politischen Debatteure.

Das Meer der Stereotypen wogt.

Wir haben hier allerdings nur einen kleinen Ausschnitt gesehen. Ich bin mir sicher, die Vertriebenen selbst haben auch ihre Stereotypen, uns gegenüber …

Im Jahr 2004

Gummistiefel

Der Vater eines Bekannten erzählt mir, während wir auf der Flucht den Pass nach Swanetien überqueren: „Als ich klein war, wurde ich aus Letschchumi nach Abchasien gebracht. Ich hatte Gummistiefel an. Jetzt, wo ich Abchasien verlasse, habe ich wieder Gummistiefel an. Ich habe nichts mitgenommen.

Ein Jahr nach der Flucht kam er ums Leben.

Im Jahr 1999

Ein Seminar

Ältere Damen, Flüchtlinge aus Abchasien, haben den Ausdruck „Coffee Break" gelernt. Jedesmal, wenn Kaffee und Kuchen zu spät gebracht werden, beschweren sie sich in strengem Ton: „Was für ein schlecht organisiertes Seminar! Wo bleibt unser ‚Coffee Break'?"

Eine von ihnen nimmt den Kaffee und den Kuchen für ihr krankes Enkelkind mit (das Seminar wird im „Kompaktzentrum" von Ausländern durchgeführt). Die besagte Dame stolpert, stürzt und vergießt ihren Kaffee. Ihr wird umgehend geholfen. Sie bekommt eine neue Tasse Kaffee, noch mehr Kuchen und sogar Schokolade, und sie schreitet schlurfenden Schrittes ihrem Enkel entgegen.

Im Jahr 1996

Journalisten aus dem Libanon

Ich erinnere mich an einen wunderschönen, sonnigen Wintertag während des Krieges. An jenem Tag explodierte in Suchumi lediglich eine Granate, im Stadtzentrum. Von Weitem konnte man den schwarzen „Pilz" gut erkennen. Der Anblick erinnerte an Bilder aus dem Libanon, die man im Fernsehen gesehen hatte. Vor dem Krieg hörte man oft Sätze wie „Uns droht ein ähnliches Schicksal wie dem Libanon", „Zu erwarten ist eine Libanisierung" und so weiter.

Nach dem Krieg hörte man solche Aussprüche nicht mehr. Wir waren vermutlich einen Schritt weiter.

In Sankt Petersburg lerne ich einen Journalisten aus dem Libanon kennen, und er erzählt mir:

„Nach dem Krieg in den 80er Jahren gab es im Libanon unzählige Waisenkinder, die noch heute in den Waisenhäusern leben. Wenn heute junge Paare heiraten und sie die Mittel dafür haben, feiern sie ihr Fest im Waisenhaus und laden dort alle zu einem Festmahl ein. Erst danach feiert die neu gegründete Familie im eigenen Kreis, zuhause oder im Restaurant. Vorher jedoch bewirten sie die Waisenkinder mit gutem Essen und Fruchtsäften und beschenken sie sogar. Einige feiern sogar ihren Geburtstag dort.

So entschuldigen sich die Libanesen bei den vom Krieg gebeutelten Kindern.

Ich bin sonst kein neidvoller Mensch, aber ich bin neidisch auf diesen Brauch. In Georgien hat mich, mit Ausnahme von genau zwei Personen, niemand je um Verzeihung gebeten, obwohl sich alle beieinander entschuldigen sollten. Ich finde sogar, wir sollten uns bei den Kriegstreibern dafür entschuldigen, dass wir ihnen die Mittel zur Kriegsführung in die Hand gegeben haben.

Ja, ich meine das ernst.

Vertrauen Sie mir, da steckt ein tieferer Sinn dahinter!

Und ich nutze diese Gelegenheit, um mich bei allen für alles zu entschuldigen. Ich entschuldige mich bei denjenigen, die das hier lesen, und auch bei denjenigen, die es nie lesen werden!

Im Jahr 1998

Der georgische Turm von Babel

So wurde es uns überliefert: Der Bau des Turms von Babel stockte, weil die Menschen nicht mehr dieselbe Sprache sprachen. Die Erbauer konnten miteinander kommunizieren, aber einander nicht mehr verstehen.

Anfangs nur verwundert, deuteten sie das später als den Willen Gottes und fanden beinahe ihren Frieden damit.

Der Bau des Turms wurde nicht fortgesetzt, und mit der Zeit verfiel das Gemäuer. Verschiedene Ansätze zum Wiederaufbau scheiterten. Alexander der Große versuchte es noch einmal, aber auch er war zum Scheitern verurteilt: Sobald mit dem Wiederaufbau begonnen wurde, konnten die Menschen einander nicht mehr verstehen. Der einst so stolze Turm, der zum Himmel aufragte, zerfiel und wurde zu Staub.

Was ist denn nun tatsächlich mit den Babyloniern geschehen? Lag der Grund wirklich nur darin, dass sie einander nicht mehr verstehen konnten?

Vor einem Vierteljahrhundert war die Geburtsstunde des unabhängigen Georgiens. Der oberste Romantiker des Landes und zugleich sein aggressivster Führer machte den Menschen Mut: „Wir haben einzigartige Ressourcen, wir haben ausgezeichneten Wein und werden ihn auf der ganzen Welt verkaufen, nicht mehr und nicht weniger. Wir werden bald ein reiches Land sein und wie die Schweizer leben."

Wir fingen an, das neue, freie und unabhängige Georgien aufzubauen, doch schon bald, sehr bald sprachen wir keine gemeinsame Sprache mehr. Die nationale Einigkeit des 9. April löste sich innerhalb kürzester Zeit auf. Der Aufbau des neuen Georgiens wurde durch die Konflikte in Abchasien und Süd-Ossetien zum Stillstand gebracht. Gute Zerstörer sind keine guten Erbauer.

Der Turm des neuen Georgiens, der zum Himmel aufragen sollte, begann zu zerfallen.

Ein Jahr nach der Wahl des ersten Präsidenten des unabhängigen Georgiens, Sviad Gamsachurdia, fand im Jahr 1991 auf dem Rustaweli-Boulevard, benannt nach dem genialen Dichter Schota Rustaweli, eine Demonstration seiner Gegner statt. Das Land war gespalten, der Präsident wurde gezwungen, das Land zu verlassen. Der Bürgerkrieg verschlang Hunderte von Menschenleben.

Im Jahre 2003 wurde an derselben Stelle, auf ähnliche Art und Weise, der zweite Präsident des unabhängigen Georgiens zum vorzeitigen Abdanken gezwungen, Eduard Schewardnadse, der schon zu Zeiten der Sowjetunion etwa zwei Jahrzehnte lang das abhängige Georgien regiert hatte. Auch ihm war es nicht vergönnt, seine Amtszeit zu Ende zu führen.

Im November des Jahres 2007 fand auf dem Rustaweli-Boulevard erneut eine Massendemonstration statt, die darauf abzielte, die Amtszeit des Präsidenten vorzeitig zu beenden (die Geschichte Georgiens zeigt, dass es zur Absetzung eines Präsidenten tatsächlich größerer Manifestationen bedarf). Obwohl sich der dritte Amtsinhaber, Micheil Saakaschwili, seinem eigenen Volk gegenüber mithilfe von maskierten Spezialeinheiten, Wasserwerfern, modernen technischen und psychologischen Mitteln und letztendlich mithilfe des Militärs zur Wehr setzte, musste auch er gehen. Anders als die Präsidenten vor ihm kandidierte er jedoch noch einmal bei den Neuwahlen, die im Januar 2008 stattfanden, und konnte eine neue Amtszeit antreten. Im Jahr 2004 hatte er noch eine fast 100%ige Zustimmung erfahren, im Jahr 2008 waren es hingegen nur noch 53%.

Im Jahre 2013 wurde der vierte Präsident, Giorgi Margwelaschwili gewählt, und im Gegensatz zu den Präsidenten vor ihm glaube ich, dass er aufgrund seines Führungsstils, seines Charakters sowie der Tatsache, dass seine Rechte als Präsident inzwischen stark eingeschränkt sind, nicht vom gleichen Schicksal bedroht sein wird wie seine Vorgänger.

Gott sei Dank!

Neujahr ist ein Feiertag, der eine geradezu philosophische Natur besitzt. Man sitzt einige Stunden allein, denkt über das vergangene Jahr, über alle positiven und negativen Erlebnisse nach („Wie konnte das nur alles passieren?") und schöpft dabei Hoffnung für das Jahr, das soeben erst angebrochen ist.

Bereits vor einigen Monaten habe ich darüber nachgedacht, diesen Essay zu schreiben: „Der georgische Turm von Babel". Aus verschiedenen Gründen bin ich damals nicht dazu gekommen, doch jetzt, Anfang 2017, schreibe ich diese Zeilen nieder.

Ich bin glücklich, in diesem Land geboren worden zu sein, und danke dem Herrn für alles. Ich bin dankbar für jeden Menschen, dem ich hier, in unserem Land, habe begegnen können, und liebe sogar diejenigen, die sich das nicht einmal vorstellen können.

Wir sind ein Geschenk füreinander. Das war zumindest Gottes Absicht, aber ich denke, nicht alle verstehen das. Wir kennen den Herrn nicht, er ist uns fremd geblieben.

Jedes Mal, wenn ich in diesem Essay das Wort „wir" benutze, egal in welchem Kontext, meine ich damit nicht die anderen – es ist vielmehr zu allererst an mich selbst adressiert.

Im Laufe der letzten 25 Jahre hat Georgien mehrere Kriege hinter sich gebracht, und das heißt, „wir". Ich erinnere mich an viele Opfer dieser Kriege, und das Gewissen plagt mich, weil wir nicht in der Lage waren, das Übel abzuwenden, oder es nicht einmal wollten.

Vor allem der Abchasienkrieg hat mich krank gemacht. Mit jedem Opfer dieses Krieges, auf jeder der beiden Seiten, schwand ein Teil meiner Seele dahin.

Ich bin dem Krieg und dem Tod oft begegnet, und habe mich doch nie daran gewöhnen können. Ich litt jedes Mal aufs Neue.

Wir sind unseren Nachfahren gegenüber schuldig geworden. Wir hinterlassen ihnen eine schwer belastete Welt, mit nur wenig Freunden, aber vielen Feinden. Und wir schämen uns dafür nicht einmal.

Ich bin mir sicher, Sie werden nicht all dem hier zustimmen. Schließlich hat jeder seine eigene individuelle Meinung zu den Ereignissen der jüngsten Zeit. Wenn ich hier dennoch bittere Themen aufgreife („Die Wahrheit ist bitter", pflegten unsere Vorfahren zu sagen), dann deshalb, weil ich will, dass etwas Besseres aus uns und unserem Land wird.

Denn ich liebe meine Heimat und unser „wir".

Ich frage mich wirklich, was mit uns geschehen ist, hier in Georgien. Ist wirklich nur mangelndes gegenseitiges Verständnis, das Sprechen unterschiedlicher Sprachen der Grund für unsere unlösbaren Probleme, für den Zerfall unseres Turms von Babel?

Eine detaillierte Analyse der Taten der vorherigen drei Präsidenten, ihrer Erfolge und Misserfolge wäre ein Thema für sich. Eines haben sie aber alle gemeinsam: Alle drei wurden mit fast 100%iger Mehrheit gewählt, verfügten deshalb über sehr viel Macht und verloren doch alle ihren Posten frühzeitig, mit Schimpf und Schande, weil sie das Volk unterdrückten (in den Jahren 1992 bis 1993 ging das, wie gesagt, sogar mit Blutvergießen einher).

Ja, das bringt viele zum Staunen, in unserer Nähe und weit darüber hinaus: Wir wählen unseren Präsidenten mit fast 100%iger Mehrheit, und so wie wir ihn gewählt haben, verstoßen wir ihn auch wieder.

Was sind wir nur für eine seltsame Gesellschaft in diesem Land? Mit Begeisterung lassen wir unsere Führer in den siebten Himmel auffahren, um sie dann mit derselben Begeisterung zur Hölle zu schicken. Was für einen Eindruck mag das auf den Rest der Welt machen?

Ich habe das Gefühl, wir alle, groß und klein, sind Teil einer seltsamen Verschwörung gegen uns selbst.

Es spielt für mich keine Rolle, wer genau, welche Einzelperson oder Gruppe, den ersten Schritt zur Eskalation der Gewalt getan hat. Wichtig ist vielmehr, dass die Macht der Verantwortlichen stets größer war, als die vereinte Kraft all derjenigen, die auf der Suche nach einer friedlichen und vernünftigen Lösung des Problems waren.

Die Konsequenzen dessen haben wir alle zu tragen, ganz Georgien. Selbst die, die noch nicht einmal das Tageslicht erblickt haben.

Im Oktober 2012 fand erstmals in der Geschichte des unabhängigen Georgiens ein friedlicher Regierungswechsel statt.

Im Jahr 2016 wurde die Partei „Der georgische Traum" erneut gewählt, diesmal sogar mit einer größeren Mehrheit, die ihr die verfassungsmäßige Mehrheit im Parlament einbrachte.

Eine solche Mehrheit hatten die früheren Regierungen auch, alle drei, doch vielleicht wird es diesmal ja anders? …

Vielleicht …

Mit welchen Wünschen und Hoffnungen begegnen wir einer neuen Regierung, und mit welchen einem neuen Lebensabschnitt? Und worauf gründen sich diese? Oder haben wir gar keine Hoffnungen? Und wenn ja, warum?

Wann werden wir endlich dazu kommen, gemeinsam über die letzten 25 Jahre zu reflektieren? Werden wir eines Tages in der Lage sein, unsere richtigen und falschen Schritte zu erkennen, unsere Erfolge und Misserfolge, unsere Verfehlungen und unsere Schuld?

Oder werden wir uns ewig weiter im Kreis drehen und immer wieder dieselben Irrtümer begehen?

Werden wir es jemals erreichen können, dass unsere Gesellschaft und unsere Regierung in Harmonie an die gemeinsamen Herausforderungen herangehen?

Wird es uns doch einmal gelingen, unsere Energie, die wir seit dem ersten Tag unserer Unabhängigkeit für Auseinandersetzungen und Konflikte verschwendet haben, wieder zu vereinen, um das Land neu aufzubauen?

In unserer babylonischen Sprachverwirrung sind wir für niemanden zu gebrauchen.

Braucht uns etwa das heimische Kaukasien mit seinen exotischen politischen Auswüchsen, die sich in so vielen Stereotypen niedergeschlagen haben, ein Land, das schon Shakespeare im Auge hatte, als er von glühender Kohle in der Hand der Mutter Erde sprach?

Und überhaupt: brauchen wir uns eigentlich selbst?

Werden wir jemals diesen Hass, diese Bösartigkeit, diese Dummheit und diesen Unverstand ablegen, der uns seit Jahren beherrscht und den wir bisher nicht besiegen können?

Wie sollen wir, problembeladen wie wir sind, unseren Weg auf der Spielwiese der Weltpolitik finden?

Und schließlich, werden wir es jemals schaffen, wirklich frei und unabhängig zu sein? Oder wenigstens glücklich? Vielleicht zumindest zum Teil? Es würde ja schon reichen, wenn jemand, der uns nicht mag (von Liebe will ich gar nicht sprechen), uns doch wenigstens ertragen würde!

Auf unserem kleinen Flecken Erde stehen wir vor unzähligen Fragen, aber es gibt nur wenige richtige Antworten.

Ja, wirklich, was ist mit uns geschehen? Können wir dem Zerfall des georgischen Turms von Babel wirklich keinen Einhalt gebieten?

Niemand wird uns eine fertige Antwort einflößen, niemand anderer. Nein, wir selbst müssen die Antwort auf unsere Fragen finden. Jeder einzelne von uns, und wir alle zusammen.

Wir haben es bis heute nicht vermocht, ein friedliches Miteinander zu schaffen, in dem ein von analytischem Verstand geprägter und gegenüber aufgesteigerten

Emotionen immuner Dialog möglich ist und wo genügend Transparenz herrscht, um Gerüchte und Vorurteile gar nicht erst aufkeimen zu lassen. Erst wenn das erreicht ist, können wir einander friedlich zuhören, unsere wechselseitigen Ansichten ernst nehmen und gemeinsame Entscheidungen zum Wohle aller treffen. Mit anderen Worten, wir brauchen eine Sphäre, die es uns ermöglicht, goldene Brücken auch über überflutete Flüsse zu bauen.

Wir haben bisher weder unsere jüngste Vergangenheit noch unser jetziges Dasein, weder unsere Mentalität noch unseren Geisteszustand zu analysieren und abzuwägen gelernt (und dabei geht es nicht um die Genauigkeit einer Apothekerwaage). Was hat sich bei uns verändert, was hat sich nicht verändert, und was können wir gar nicht verändern?

Wir sind nicht kompatibel mit den Schemata, die in anderen Ländern zu einschneidenden Veränderungen geführt haben. Der Versuch, „einen neuen Menschen, eine neue Gesellschaft" zu schaffen, hat in einer Katastrophe geendet.

Zu Zeiten der Sowjetunion haben wir in einem Land gelebt, in dem die Verbreitung von Angst der bedeutendste Hebel der Macht war.

Ein auf Repressalien beruhendes Regierungssystem ist gewöhnlich nicht von Dauer, wie auch bei uns. Die Vergangenheit hinterließ jedoch ihre Spuren und hatte auch auf das unabhängige Georgien großen Einfluss, im Laufe der Zeit traten sogar deutliche Anzeichen des Neo-Bolschewismus hervor. Wir haben uns immer noch nicht an die Vorstellung gewöhnt, dass ein unabhängiger Staat nur von Politikern aufgebaut werden kann, die auf Repressionen verzichten und gewissenhaft auf der Basis von Recht und Gesetz agieren, und nicht etwa von rückgratlosen Menschen, die ihre Ziele mit der Geisteshaltung eines Untertanen zu erreichen versuchen.

Auf dem beschwerlichen Weg des Wiederaufbaus haben wir bisher nicht einmal zwei Schritte vorwärts getan. Vielleicht sind wir verunsichert, oder wir haben einfach nur Angst? Ja, wir haben alle Angst, sowohl die Gesellschaft als auch die Regierung. Und mit unserer Angst versetzen wir auch die anderen in Furcht, ein Teufelskreis.

Um diesem Teufelskreis zu entrinnen, brauchen wir den Mut und die Fähigkeit, neue, ungewohnte Entscheidungen zu treffen; wir brauchen die Spannung eines neuen Fortschrittsgedankens, eine neue Bereitschaft zum Risiko. Ohne diese Eigenschaften bleiben wir dazu verdammt, dieselben Fehler nach denselben Mustern zu wiederholen.

Natürlich haben wir Angst vor dem Neuen. An die Schmerzen der Vergangenheit haben wir uns gewöhnt, und sie tun uns nicht mehr weh. Wir fürchten jedoch ständig, es könnte noch schlimmer werden, und so hangeln wir uns von einer Wahl zur nächsten.

Veränderungen zum Besseren brauchen immer besonders viel Zeit.

Wir fürchten uns davor, wie schon in den ersten Jahren unserer Unabhängigkeit, als Vaterlandsverräter diffamiert zu werden oder den Vorwurf zu hören, einer unserer Vorfahren sei kein Georgier gewesen, und so weiter und so fort …

Wir sind eine archaische Gesellschaft, die in der postsowjetischen Periode erstarrt ist – allem, was wie eine Regierung aussieht, stehen wir feindlich und voller Argwohn gegenüber.

Wir haben Angst und wir fürchten uns besonders davor, Angst zu haben.

Solange dies so ist, kann man nur dann ein wahrer, loyaler Sohn seines Landes werden, wenn man auch nicht im Geringsten Anlass dazu bietet, als Landesverräter bloßgestellt zu werden!

Und solange das so bleibt, sind wir alle Verräter unseres Vaterlands.

Ja, wir alle, so oder so, sind jetzt und heute Vaterlandsverräter!

Auf Stammtischparolen und Protestslogans kann kein Staat erbaut werden, dessen sollten wir uns klar sein.

Nach dem größten und verabscheuungswürdigsten Krieg der Menschheitsgeschichte hat Deutschland sein Gewissen wiederentdeckt und sich mit tätiger Reue neu erfunden.

Auch für uns sollten das Gewissen und die Bereitschaft zur Katharsis die obersten Leitprinzipien werden!

Genauso sollten auch unsere Regierenden sich von ihrem Gewissen und der Menschenliebe leiten lassen (wie sehr wir dieses Wort doch banalisiert haben – „Liebe"!), auch wenn diese Begriffe in unserer Verfassung und unserem Rechtssystem genauso wenig zu finden sind wie in denen anderer Länder. Es sind eben keine juristischen Begriffe.

„Gefangene des Gewissens" – als wenn wir das Gewissen nur in dieser Floskel in unser Blickfeld nehmen könnten! Gefangene, und das ausgerechnet des Gewissens! Das Gewissen als Verbrecher, der uns in einen Käfig sperrt. Wehe ihm, wenn wir daraus ausbrechen …

Mir, der ich in Abchasien geboren und aufgewachsen bin, klingt immer noch die „Apsuara" in den Ohren, die ungeschriebenen Regeln von Moral und Würde. Einer der Leitsprüche daraus besagt, dass etwas, was dem Recht gestattet ist, trotzdem nicht getan werden darf, wenn es das Gewissen nicht zulässt.

Solange die Vorschriften, die Gesetze und die Verfassungen nicht humaner werden, werden wir den globalen Problemen nicht entrinnen können.

Aber kehren wir zu unseren eigenen Problemen zurück!

Wir sind Meister darin, uns Feinde zu machen. Es braucht nur ein, zwei Sätze unsererseits, um unsere Freunde davonzujagen und ihnen dann später als unsere Feinde wieder zu begegnen. In den 25 Jahren unserer Unabhängigkeit haben wir uns eine ordentliche Sammlung an Feinden angelegt!

Zugleich haben wir uns daran gewöhnt, im Umgang miteinander weit unter die Gürtellinie zu gehen. Indem wir einander verächtlich, zynisch und herablassend behandeln, geht unsere gegenseitige Achtung allmählich unter.

Man braucht sich nur eine Debatte im Fernsehen anzuschauen, und man wird Zeuge dessen, wie sich die Gladiatoren unter der Anleitung der Hauptdarsteller, der Showmaster, gegenseitig abschlachten.

Nur in den sozialen Netzwerken geht es bisweilen noch aggressiver zu.

Wir haben eine ganze Generation im gegenseitigen Hass aufgezogen, und manch einer fragt sich verwundert, woher diese bösartige Generation wohl stammt. Er sollte sich vielmehr über das Beispiel wundern, mit dem wir vorangehen, und über diejenigen staunen, die uns weiterhin hoffen lassen, weil sie vom Hass unbeeinflusst geblieben sind.

Unsere Politik verharrt im Stillstand. Wer unsere heutigen Anführer mit denen der 90er Jahre vergleicht, hat ein déjà-vu-Erlebnis. Ein weiterer Beweis dafür, wie tief der Hass bei uns verwurzelt ist.

Wir wollen einander nicht recht geben und gönnen uns gegenseitig keinen Erfolg. Jedes Mal, wenn über einen etwas Gutes berichtet wird, kommen andere von uns daher und verbreiten Lügen und Verleumdungen über ihn, um ihn zu diffamieren.

Wir haben uns daran gewöhnt, die anderen anzuklagen und über sie zu richten. Und den einzigen Ausweg aus diesem Zustand sehen wir darin, uns immer wieder in persönliche Auseinandersetzungen zu begeben.

Allem Bösen und Schlechten verschaffen wir ein großes mediales Echo, über die guten Dinge schweigen wir.

Wir wollen kein „gutes" Georgien. Ein „gutes" Land würde sich ja auf die Einigkeit guter Menschen gründen. Wir hingegen leben so, als ob wir noch mehrere Leben und mehrere Länder in Reserve hätten.

Unser Land ist heute so gestaltet, wie wir es sind, alle zusammen.

Unser Land wird in der Zukunft so sein, wie unsere Kinder und unsere Enkel sein werden, alle zusammen.

Statt von Liebe haben wir uns auf unserem Weg viel zu oft von Hass begleiten lassen, und unsere Sünden haben wir als Irrtümer verharmlost. So belügen wir uns ständig selbst und gegenseitig: immer und überall sind die anderen schuld, wir hingegen sind alle Engel.

Solange wir dieses Chaos, diesen georgischen Turm von Babel nicht wieder in Ordnung bringen, wird hier niemand glücklich werden. Auf andere Weise können wir unseren chronischen Niederlagen und unserer notorischen Rückwärtsgewandtheit kein Ende setzen.

Und noch sehr, sehr lange werden wir im Vorzimmer der hoch entwickelten Staaten unserer Erde sitzen und betteln: „Nehmt uns doch bitte in euren Salon auf!"

Sitzen wir etwa nur zum Warten in diesem Vorzimmer? Nein, seit geraumer Zeit leben wir schon darin.

Wir müssen diese Hölle der vergangenen Jahre hinter uns lassen, in denen das Land mit Illusionen, Gerüchten, Hass und Angst regiert wurde. Leider begleitet uns diese Vergangenheit noch heute, und wir verlieren den Horizont einer besseren Zukunft aus den Augen. Viel zu selten gelingt es uns, zwischen Menschen zu unterscheiden, die unser Land retten könnten, und solchen, die es zugrunde richten.

Manchmal habe ich das Gefühl, wir kriechen gerade erst aus den Höhlen der Steinzeit hervor, oder wir stehen noch unmittelbar daneben.

Moral und Gewissen sind ein Geschenk des Himmels. Sie sind die Weltraumflughäfen, auf denen wir uns immer wieder versammeln sollten. Doch leider wird der Raum im Laufe der Zeit immer enger …

Moralisch handelt, wer vergeben kann, wer die Menschlichkeit bewahrt. Moralisch handelt auch, wer Reue und Mitgefühl zeigt.

In unserem Land leben unzählige Menschen mit hohem politischem Sachverstand, doch ihnen allen fehlen bisher die Mittel, um ihre Fähigkeiten gezielt zur Bewältigung der Krise einzusetzen, in der wir uns befinden. Das hat natürlich seine eigenen Gründe und seine eigene Vorgeschichte.

Unter uns weilen Menschen, deren Expertise für die Zukunft dieses Landes essenziell ist, doch sie werden von ihrem eigenen Gewissen daran gehindert, hervorzutreten. Im Gegensatz zu den vielen gewissenlosen Konformisten, denen jede PR-Kampagne dafür recht ist, gelingt es ihnen nicht, sich bemerkbar zu machen.

Als einen der Gründe für unsere schwierige Situation habe ich die völlige Ignoranz gegenüber der Generation unserer Väter ausgemacht, man könnte sogar sagen, den Genozid an unseren Vorfahren, durch den die Verbindung zu unserer Vergangenheit gekappt wurde. Und das, wo in fast jeder Sprache das eigene Land nach den Vätern (oder Müttern) benannt wird: „Vaterland", „patrie", „mother country" usw. … Wir können es uns heute kaum mehr vorstellen, jemanden zu wählen, der mehr als 60 Jahre zählt, wie es in anderen Ländern üblich ist – man denke nur an die USA und Trump, von Reagan, der noch viel älter war, ganz zu schweigen.

Wir müssen unbedingt einen Raum schaffen, in dem wir uns hinsetzen und in Ruhe über unsere Vergangenheit und unsere Zukunft beraten können, wo wir gerechte Lösungen suchen und die nötigen Entscheidungen treffen. Bei diesem Prozess darf sich niemand ausgeschlossen fühlen. Wir müssen unsere fragmentierte Gesellschaft wieder einen, indem wir jedem unserer Bürger die Gelegenheit geben, sich aktiv am Aufbau unseres Landes zu beteiligen.

Und das trotz aller Herausforderungen unserer heutigen Zeit, die es uns mit ihrem übersteigerten Tempo und dem Überangebot an Informationen kaum mehr gestattet, die Dinge zu „verdauen", zu analysieren und zu verarbeiten. Ohne gewissenhafte Analyse führt die Informationsflut eher zur Verdunkelung.

In der neuen Realität, in der wir heute leben, bildet sich eine neue Sprachform heraus, die Welt erscheint mehr und mehr polarisiert. Es ändern sich die politischen und strategischen Akzentsetzungen, und auf der Erde treten immer wieder neue Krisenherde in Erscheinung. Wenn man genau hinschaut, kann man den Widerschein dieser Krisen bisweilen direkt in den Gesichtern der Führer der großen Nationen dieser Welt erkennen.

Wir leben auf einem Planeten, der von gegenseitigem Hass und Unverständnis geprägt ist und seinen inneren Zusammenhalt verloren hat (oft habe ich das Gefühl, der Herr war schlecht gelaunt, als er den Menschen erschuf).

In der heutigen globalisierten Konkurrenzökonomie versinkt die Titanic der alten Welt.

In diesen Zeiten bedürfen gerade kleine Staaten verstärkter Diplomatie.

Es gibt keine Moral ohne Reue. Die Reue ist der verlängerte Arm des Gewissens. Einige von uns haben sich nichts Besseres einfallen lassen, als Reue mit Selbstkasteiung gleichzusetzen, und verwenden dieses Wort ununterbrochen, seit mehr als 20 Jahren.

Unsere Konflikte, die schon vor 25 Jahren ihren Anfang nahmen – der Bürgerkrieg, der in Tbilisi ausbrach, und die bewaffneten Konflikte mit Osseten und Abchasen –, sie alle hätten, wie ich heute glaube, verhindert werden können, aber leider hatten die meisten damals nicht einmal den Wunsch, dies zu tun, und es fehlten uns die Persönlichkeiten, die Einhalt hätten gebieten können …

Leider kann man die Zeit nicht zurückdrehen, und die Geschichte kennt keine Lyrik. Was geschehen ist, ist geschehen, es bleibt und wird doch eines Tages vorbei sein.

Das Böse, das sich im Epizentrum unserer Gesellschaft eingenistet hat, hat das Gute besiegt. Vor acht Jahrhunderten hat Schota Rustaweli vom Gegenteil gesprochen: „Das Gute hat über das Böse gesiegt, möge es lange leben!" Die Übel unserer jüngsten Vergangenheit hatten ihren Ursprung stets auf der Prachtstraße, die nach diesem genialen Dichter benannt ist – sie hat das Land entzweit.

Wir wurden von vielerlei Mächten besiegt, doch zuallererst haben wir uns die Niederlage selbst zugefügt – das habe ich damals gesagt, und ich sage es noch heute. Wir selbst haben den Bürgerkrieg in Tbilisi angezettelt, und wir haben den Krieg in Zchinwali und Suchumi entfacht. Wir haben die Realität aus den Augen verloren und die notwendigen politischen Maßnahmen ignoriert. Und so haben wir das Spiel in Handumdrehen verloren, wie ein impulsiver, naiver und unerfahrener Schachspieler.

Seitdem ist klar, dass wir schon zu Beginn eines jeden Konflikts als die zukünftigen Verlierer gelten können. Wir können nicht siegreich sein, weil wir die grundlegendsten moralischen Prinzipien missachten.

Letztlich haben wir einen Krieg um moralische Integrität verloren. Ohne moralische Integrität gibt es auch keine territoriale Integrität.

Wir haben ein schreckliches Verbrechen an uns selbst verübt, viel mehr jedoch noch an anderen. Wir haben zwar auch selbst Schaden erlitten, aber wir müssen dennoch die Verantwortung für unsere Taten übernehmen. Die anderen werden die ihre tragen. Gegenüber Russland müssen wir ein besonderes diplomatisches Geschick an den Tag legen und uns nicht auf unrealistische Forderungen auf sinnlose Parolen wie „Wir sprechen nicht mehr mit Russland" zurückziehen. Noch heute schüttelt es mich, wenn ich an schwachsinnige Slogans wie „Kokojty, gute Reise!", an kindische Behauptungen über unseren Wein und unser fäkalienverseuchtes Mineralwasser, oder an Mutmaßungen über die verrostete russische Kriegstechnik denke …

Entweder wir blicken den Tatsachen jetzt in die Augen und ändern unseren Kurs, oder wir gestehen uns unsere Unfähigkeit ein und geben zu, dass wir kein Gewissen haben und noch nicht bereit dazu sind. Dann warten weitere qualvolle 25 Jahre auf uns.

Mit Entschuldigungen allein ist es nicht getan. Wir brauchen eine andere Sprache und eine andere Sichtweise. Wir brauchen Menschen, die diese Sprache gut verstehen, und wir brauchen ein Volk, das bereit ist, neuartige Entscheidungen zu akzeptieren.

Unsere Beziehung zu Abchasen und Osseten gleicht auch nach den Kriegen noch immer einem Minenfeld. Wir brauchen Menschen, die über ein solches Minenfeld zu laufen verstehen und in diesem Labyrinth den Weg zu den verwundeten Herzen der Menschen finden.

Natürlich ist es schwer, sehr schwer, sich in diesem Labyrinth zu orientieren. Nichts ist leichter, als einen Krieg anzufangen, und nichts schwieriger zu erreichen als der Frieden.

Der Frieden braucht viel mehr Mut und Entschlossenheit als der Krieg. Und, um es nicht zu vergessen, eine hohe Moral.

Nur mit Moral können wir unsere Würde zurückgewinnen.

Der Frieden steckt auf dieser Welt noch in den Kinderschuhen, während der Krieg bereits ein ausgewachsenes Raubtier ist, das sich in unser Leben schleicht und in Sekunden zerstört, was der Frieden über Jahrhunderte hinweg geschaffen hat. Der Krieg vernichtet unsere Zukunft zusammen mit der Vergangenheit und der Gegenwart.

Davon haben wir uns schon des Öfteren überzeugen können.

Auf unserer Erde gibt es über 250 offene Konflikte, und wir haben die seltene Chance, den unseren ein Ende zu setzen. Oder zumindest damit zu beginnen.

Diese Chance müssen wir ergreifen.

In Zeit und Raum gibt es einen Punkt, wo sich alle Konfliktparteien treffen. Diesen Punkt müssen wir alle gemeinsam finden.

Und unsere Suche muss von Moral geleitet sein.

Sie wird erst dann erfolgreich sein können, wenn wir wirklich unabhängig, frei und voller Würde sind.

In unserer jüngsten Vergangenheit standen wir mehrfach am Abgrund, und jedesmal rief uns der eine oder andere unzähmbare Anführer zu: „Vorwärts!"

Und wir taten einen Schritt nach vorn.

Viel zu oft haben wir uns Politikern und selbsternannten Vordenkern anvertraut, die in anderen Ländern keinerlei Chance zum Aufstieg gehabt hätten.

Natürlich gibt es unter unseren Anführern auch großartige, erlesene Menschen, die einem Ozeandampfer gleichen. Die anderen hingegen sind wie Schlauchboote, deren Einsatzgebiet die Sümpfe sind, schmutzig, undurchsichtig und flach, ganz im Gegensatz zu den reinen Gewässern unserer Weltmeere. Sie selbst lassen ihr Umfeld versumpfen, um dann leichtes Spiel zu haben: Sie regieren die ihnen anvertraute Gesellschaft auf der Basis von Gerüchten, Konfrontation und gezieltem Konformismus.

Die staatliche Souveränität wird durch vieles geschwächt, nicht nur durch übertriebenen Konformismus. Die Massenmedien tragen mit ihren grellen Farben einen großen Teil dazu bei. Mit den ihnen eigenen Methoden und Akzentsetzungen, mit ihren allgegenwärtigen Stereotypen schaffen sie eine ihnen selbst zunutze kommende Realität. Wir haben ja bereits die Erfahrung gemacht, was für Katastrophen ein von den Medien getragener radikaler und fanatischer Nationalismus herbeiführen kann.

Im Gegensatz zu Staaten mit starker Souveränität zieht sich für uns die Zeit, um mit dem Wiederaufbau zu beginnen, immer weiter hin.

Wir prahlen immer mit unserer einzigartigen Kultur, aber wir lassen sie immer weniger teilhaben an unserem Weg durch das Labyrinth unserer komplexen Probleme, an der Bewältigung unserer tiefgreifenden Krise.

Eine reiche Vergangenheit und eine einzigartige Kultur lassen sich nicht mit einer armseligen Gegenwart vereinbaren.

Wirtschaftlicher Aufschwung ist nicht möglich ohne Gewissen, Kultur und Bildung, Werte, die wir zur Schaffung eines harmonischen Miteinanders hätten zugrundelegen müssen. Leider glaubten wir, in der kommunistischen Ideologie befangen, vielmehr, dass allein die Wirtschaft die Basis eines Staatengebildes darstelle.

Wir haben uns noch nicht mit unserer stärksten Waffe ausstatten können, dem Gewissen, weil wir nicht wissen, wie wir damit umgehen sollen. Zeigen kann uns das niemand. Auch hierzu müssen wir uns selbst den Kopf zerbrechen.

Eine auf Kultur basierte Politik macht einen Staat nicht nur weltbekannt, sondern macht ihn überhaupt erst zu einem Staat und entwickelt ihn weiter.

Für unsere gesellschaftliche Weiterentwicklung dürfen wir nicht nur auf unsere eigene Kultur, unsere eigene Geschichte mit ihren erfolgreichen Perioden und die höchsten religiösen Güter zurückgreifen, sondern müssen uns auch an den bedeutendsten Werten fremder Kulturen und Konfessionen und an deren positiven politischen Erfahrungen orientieren.

Wir müssen mehr Errungenschaften aus den zivilisierten Ländern dieser Welt übernehmen, und wir brauchen zugleich mehr Georgien in Georgien, mehr von unseren besten Traditionen und mehr von den besten Seiten unserer Mentalität.

In unserem Kampf gegen uns selbst waren wir bisher noch nicht sehr erfolgreich, weil wir stets eher auf unser Herz gehört haben als auf unseren Verstand.

Mit viel Hingabe müssen wir daran arbeiten, unseren Kindern eine schöne Heimat zu hinterlassen. Nehmen wir all unsere Moral zusammen, damit wir unsere Kinder und Enkelkinder nicht mit einer Verantwortung belasten, die wir selbst hätten tragen müssen, und sie nicht unseren Hass erben.

Wir leben nicht in Ruhe und Frieden, und wir werden das in unserem Land solange nicht tun können, wie ein Großteil unserer Bevölkerung an der Armutsgrenze lebt. Wir können nicht glücklich werden, solange so viele Emigranten das Land verlassen und solange wir so große Probleme haben, solange wir unsere Würde und unseren Stolz nicht zurückerlangt haben und solange ein Teil unserer Bevölkerung aufgrund der sozialen Verhältnisse gezwungen ist, im In- oder Ausland amoralischen Beschäftigungen nachzugehen, um die eigene Familie zu ernähren …

Wir werden solange nicht in dem Paradies leben, von dem wir beim Anbruch unserer Unabhängigkeit träumten, solange sich das Paradies unserer Träume nur auf unsere eigenen komfortablen vier Wände erstreckt und wir die Außenwelt – den Hof, die Straße, das ganze Land außer Acht lassen. Jedes weggeworfene Stück Papier, jeder Zigarettenstummel entfernt uns weiter von unserem Traum, bis er am Horizont verschwindet.

Jede Manifestation der Gewissenlosigkeit hält uns in unserem Teufelskreis gefangen.

Hitler soll einmal gesagt haben, das Gewissen sei eine Erfindung der Juden.

Je weniger unser Land vom Gewissen regiert wird, desto mehr droht uns der Faschismus, mit unabsehbaren Folgen, eine höchst unsichere Zukunft.

Heutzutage hört man oft, erfolgreiche Länder würden von guten Managern geführt. Auch die großen Despoten und Diktatoren dieser Welt mit ihrer verbrecherischen Ideologie waren gute Manager. Wichtiger, als ein guter Manager zu sein, ist es, mit einem reinen Gewissen und hoher Professionalität zu handeln.

Wir haben es versäumt, unsere Politiker an ihre vorrangigste Verantwortung zu erinnern: du darfst die Gesellschaft nicht spalten!

Solange wir uns nicht mit reinem Gewissen wie Phoenix aus der Asche erheben, uns nicht der Schmerzen anderer annehmen und anderen nicht ihre Freiheit zugestehen, werden wir selbst nicht frei werden.

Das Gewissen ist ein kleiner, trauriger, unterdrückter Engel.

Die meisten kennen ihn nur vom Namen her.

Niemand hat ihn auf seinen Schoß genommen, und deshalb konnte keine unserer Regierungen die Auseinandersetzungen beilegen, die bei uns Tradition geworden sind.

Bisweilen haben wir die Zeichen richtig gedeutet, aber dann sind wir doch wieder in die falsche Richtung gelaufen. Wir liefen im Kreis und dachten, wir wären auf dem richtigen Weg. In dem von uns selbst überhitzten politischen Raum haben wir unser Land einem Rentner ähnlich gemacht, der sein Leben mit höchst beschränkten Mitteln fristen muss.

Freunde suchen wir in weiter, weiter Entfernung, nicht etwa in unserer eigenen Gesellschaft, unter unseren Nachbarn.

Wir versuchen, das Gewissen so weit von uns fernzuhalten wie den Teufel vom Weihwasser.

Deshalb haben wir es auch immer noch nicht vermocht, eine harmonischen Beziehung zwischen der Regierung und der Gesellschaft herzustellen, die sie wählt.

Irgendwie ähneln wir einem einarmigen Maurer.

Erst, wenn wir das Gewissen wiederentdeckt haben, werden wir dem Sprachengewirr rund um den georgischen Turm von Babel wieder die ersten verständlichen Worte entnehmen können, und ein von einem von uns ausgesprochenes „wir" wird wieder uns alle gemeinsam meinen.

Von Machtkalkül gezogene Grenzen werden von der Landkarte verschwinden, und gleichzeitig aus unseren Köpfen. Wir werden wieder tun und sagen können, was wir denken, und wir werden wieder Sorge dafür tragen, einander nicht zu verletzen. Wir werden Gott wieder lieben, und den Menschen nicht minder.

Ich habe meine Hoffnung nie aufgegeben, und ich werde es auch weiterhin nicht tun.

1.–7. Januar 2017

Erzählungen aus Georgien

Von Ilia Tschawtschawadse
Übersetzt von Kristiane Lichtenfeld
Hg. von Manana Tandaschwili
8°. 240 S., geb.
19,90 EUR (978-3-95490-323-8)

Der einer Adelsfamilie entstammende Schriftsteller, Bankier und Aufklärer Ilia Tschawtschawadse gilt als der „Vater der Nation". Als einer der Ersten nach der russischen Kolonialisierung studierte er in Petersburg, brachte von dort fortschrittliche Ideen mit und wurde – mit kritischem Blick auf die Rückständigkeit und Lethargie in seinem Heimatland – zu dessen regem Förderer. Er teilte seine Güter unter die Leibeigenen auf, gründete eine Alphabetisierungsgesellschaft, die Adelsbank, Zeitschriften, die Schauspiel-Gesellschaft, die Historisch-Ethnografische Gesellschaft Georgiens. Seine Prosa zeichnet ein vielfältiges Bild der georgischen Gesellschaft im 19. Jahrhundert.

Das christliche Swanetien
Beiträge zur Geschichte und Kunst der byzantinischen „Peripherie" zwischen Jerusalem und Konstantinopel (Byzanz – Kaukasus – Georgien)

Von Brigitta Schrade
8°. ca. 192 S., mit zahlreichen Farb- und s/w-Abb., geb.
39,90 EUR (978-3-95490-325-2), vorr. Ersch. Ende 2018

Swanetien, eine historische Provinz Georgiens, gilt als „Schatzkammer" des Landes, in der sich ältestes und nicht selten einmaliges Kulturgut erhalten hat, darunter viele Kirchen, Wandmalereien, Ikonen, Kreuze und Handschriften aus dem christlichen Mittelalter. Der vorliegende Sammelband mit seinen Beiträgen zur Erforschung, Geschichte und Kunst dieser wohl einmaligen Kulturlandschaft im Hochkaukasus zeigt auf, wie sich in einem scheinbar entlegenen Randgebiet des byzantinischen Kulturraumes auf der Grundlage tradierter sozial-politischer Strukturen eine den eigenen Bedürfnissen entsprechende, weit vernetzte christliche Kultur und Kunst entwickeln konnte.

Georgische Handschriften

Hg. von Jost Gippert
8°. 176 S., 235 Farbabb. geb.
39,90 EUR (978-3-95490-322-1)

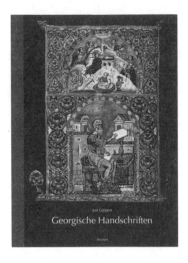

Nur wenige Sprachen auf der Welt können auf eine mehr als 1500-jährige Geschichte ununterbrochener schriftlicher Tradition zurückblicken – das Georgische, die Sprache des christlichen Landes südlich des Kaukasus, ist eine davon. Seit ihrer Christianisierung im vierten Jahrhundert haben Georgier im stetigen Austausch mit benachbarten Völkern einen ungeheuren Reichtum an literarischem Kulturgut geschaffen, das sich in unzähligen handschriftlichen Büchern niederschlug. Diesen Schatz dem interessierten deutschsprachigen Publikum zu erschließen, soll das vorliegende Buch dienen, das in enger Zusammenarbeit mit dem Nationalen K.-Kekelidze-Handschriftenzentrum Tbilisi entstanden ist und in das Beiträge zahlreicher Autoren eingeflossen sind. Zu nennen ist seitens des Handschriftenzentrums zuvörderst das Team von Maia Karanadze, Lela Shatirishvili, Nestan Chkhikvadze und Tamar Abuladze, dessen im Jahre 2010 in elektronischer Form und 2012 im Druck erschienenes Album „Das georgische handschriftliche Buch vom 5. bis 19. Jahrhundert" (Kartuli xelnaçeri çigni. V–XIX ss. / Georgian Manuscript Book. 5th–19th centuries) mit den darin enthaltenen reichhaltigen Abbildungen den Grundstock für das vorliegende Werk dwarstellt. Darüber hinaus wurden seitens des Handschriftenzentrums und seines Direktors, Zaza Abashidze, wertvolle Textbeiträge zur Verfügung gestellt, insbesondere eine ausführliche Darstellung der georgischen Schriften von Elene Machavariani und eine umfassende Abhandlung über die Entwicklung der georgischen Schriftlichkeit von Zurab Chumburidze. Im weiteren sind vor allem die auf das Georgische bezogenen Beiträge in dem Handbuch Comparative Oriental Manuscript Studies (Hamburg 2015) eingearbeitet worden, für die Bernard Outtier, Tamara Pataridze und der Herausgeber verantwortlich zeichnen. Nicht eigens genannt werden können die Beiträge der zahlreichen Wissenschaftlerinnen und Wissenschaftler, die sich über Jahrzehnte am Handschrifteninstitut in Georgien oder außerhalb um die Katalogisierung des georgischen Manuskriptbestandes bemüht haben; ohne ihre mühevolle Vorarbeit wäre die Publikation dieses Buches umöglich gewesen.